趣说中国史

隋唐篇

刘喜涛◎主编
毕洪娜 杨浩◎著

台海出版社

图书在版编目（CIP）数据

　　趣说中国史 . 隋唐篇 / 刘喜涛主编；毕洪娜，杨浩
著 . —— 北京：台海出版社，2024. 7. —— ISBN 978-7
-5168-3881-5 （2025.9 重印）

　　Ⅰ. K209

中国国家版本馆 CIP 数据核字第 2024CQ9894 号

趣说中国史 . 隋唐篇

主　　编：刘喜涛　　　　　　　　著　者：毕洪娜　杨浩

责任编辑：赵旭雯　　　　　　　　封面设计：昇一设计

出版发行：台海出版社

地　　址：北京市东城区景山东街 20 号　　邮政编码：100009

电　　话：010-64041652（发行，邮购）

传　　真：010-84045799（总编室）

网　　址：www.taimeng.org.cn/thcbs/default.htm

E - mail：thcbs@126.com

经　　销：全国各地新华书店

印　　刷：三河市嘉科万达彩色印刷有限公司

本书如有破损、缺页、装订错误，请与本社联系调换

开　　本：880 毫米 ×1230 毫米　　　　1/32

字　　数：180 千字　　　　　　　　印　　张：7

版　　次：2024 年 7 月第 1 版　　　　印　　次：2025 年 9 月第 2 次印刷

书　　号：ISBN 978-7-5168-3881-5

定　　价：49.80 元

隋朝 3 帝世系表

❶ 隋文帝 - 杨坚

❷ 隋炀帝 - 杨广

❸ 隋恭帝 - 杨侑

唐朝 21 帝世系表

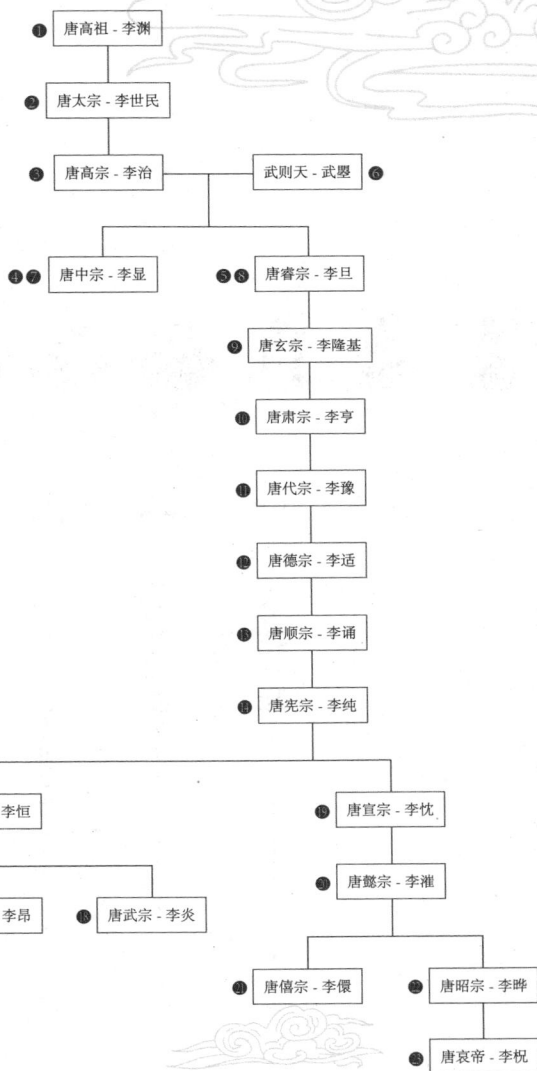

❶ 唐高祖 - 李渊

❷ 唐太宗 - 李世民

❸ 唐高宗 - 李治 ——— 武则天 - 武曌 ❻

❹❼ 唐中宗 - 李显　　❸❽ 唐睿宗 - 李旦

❾ 唐玄宗 - 李隆基

❿ 唐肃宗 - 李亨

⓫ 唐代宗 - 李豫

⓬ 唐德宗 - 李适

⓭ 唐顺宗 - 李诵

⓮ 唐宪宗 - 李纯

⓯ 唐穆宗 - 李恒　　　　　　　　⓲ 唐宣宗 - 李忱

⓳ 唐懿宗 - 李漼

⓰ 唐敬宗 - 李湛　⓱ 唐文宗 - 李昂　唐武宗 - 李炎

⓴ 唐僖宗 - 李儇　　㉒ 唐昭宗 - 李晔

㉓ 唐哀帝 - 李柷

目录
CONTENTS

一

昙花一现

"唯有牡丹真国色，花开时节动京城。"一年一度的洛阳赏花会开始了，隋文帝请唐高祖把老杨家和老李家的皇帝们拉进群。自此，众人眼里是牡丹，心中是昙花。问世间昙花为何？答三十七年的隋朝是也。

隋唐皇帝群(24)

隋文帝-杨坚
> 李渊，你小子挺有效率啊！刚和你说建群，这会儿就拉满了。😄

隋文帝-杨坚
>

唐高祖-李渊
> 于公，您是前朝奠基人；于私，您是我长辈。您交代的事儿，我必须高效。😄😄😄

唐高祖-李渊
>

隋文帝-杨坚
> 不愧是我大外甥。😄

唐高祖-李渊
> 深谢小姨和小姨父的庇护。

隋唐皇帝群(24)

隋炀帝-杨广

你家祖上是八大柱国之一，你又是独孤家的外孙，照拂照拂你也是应该的。🙇

隋炀帝-杨广

唐太宗-李世民

没想到父皇和杨家的渊源这么深哪！

唐高宗-李治

如此看来，隋唐两朝是家族企业。

唐懿宗-李漼

隋文帝-杨坚

@ 隋炀帝 - 杨广 你还敢大言不惭？我披荆斩棘灭陈，统一中国。你看看你都给我管成什么样了？👊👊👊

隋唐皇帝群(24)

隋文帝-杨坚

逆子闭嘴

隋炀帝-杨广
我本将心向明月，奈何明月照沟渠。

唐玄宗-李隆基
前辈，您就别顶风上了。

唐玄宗-李隆基

离了个大谱

划重点

　　唐高祖与隋朝皇帝间的亲戚关系：唐高祖李渊的母亲与隋文帝杨坚的发妻是亲姐妹。因此论辈分，杨坚是李渊的姨父，杨广与李渊是亲表兄弟，杨广是李世民的伯父。另外，杨广的皇妃王氏是李渊的外甥女，杨广的女儿杨氏嫁给了李渊的儿子，这又进一步加深了彼此的亲戚关系。

八大柱国：西魏、北周时期形成的军事贵族集团核心，由西魏权臣宇文泰创立，奠定了关陇集团的基础，对隋唐的政治发展影响深远。八大柱国成员分别是：宇文泰（西魏实际统治者）、元欣（西魏宗室代表、北魏孝文帝后裔）、李虎（唐高祖李渊祖父）、李弼（隋末瓦岗军领袖李密曾祖父）、独孤信（北周、隋、唐三朝国丈、唐高祖李渊外祖父）、赵贵、于谨、侯莫陈崇。

独孤氏：起源于北魏时代北鲜卑部落，后成为鲜卑贵族显赫的姓氏之一。北魏孝文帝迁都至洛阳后，独孤氏部落逐渐接受中原汉民族的文化习俗，并迅速强大。在南北朝至隋唐时期，独孤氏涌现多位杰出人物，如独孤信、独孤皇后等。

杨坚灭陈：杨坚建立隋朝后，为结束自东汉末年以来近四百年的分裂局面，于开皇八年（588年）发动对陈朝的战争。杨坚以贺若弼、韩擒虎等将领为先锋，从水路和陆路两个方向同时出发，攻入建康（今江苏南京），俘虏陈后主陈叔宝。陈朝灭亡，杨坚带领隋朝实现了继秦朝之后中国历史上第二次真正意义上的大一统。

刚一进群，杨家父子就杠上了。一看开幕式地点在上阳宫文化园，隋恭帝杨侑赶紧找隋炀帝杨广确认，隋朝时没有上阳宫，是不是洛阳官员选错地址了……

隋唐皇帝群(24)

隋恭帝-杨侑

洛阳官员太不负责任了！

隋炀帝-杨广

隋恭帝-杨侑

他们把牡丹花会开幕式选在上阳宫，咱们没建过！

隋文帝-杨坚

这不就是领你玩的十六苑嘛！

唐高祖-李渊

也不能怪孩子，官员确实办事不力。

唐高祖-李渊

〈 隋唐皇帝群(24) ···

隋文帝-杨坚
也该好好整顿一下了。

武则天-武曌
靠九品中正制选拔的官员还是不行。

隋炀帝-杨广
所以我都把这项制度废除了！

隋恭帝-杨侑
我朝开创的科举制，彻底让那些无才无德的人无处可躺。

唐高祖-李渊

唐高宗-李治
确实，科举制延续了上千年，隋朝功不可没！

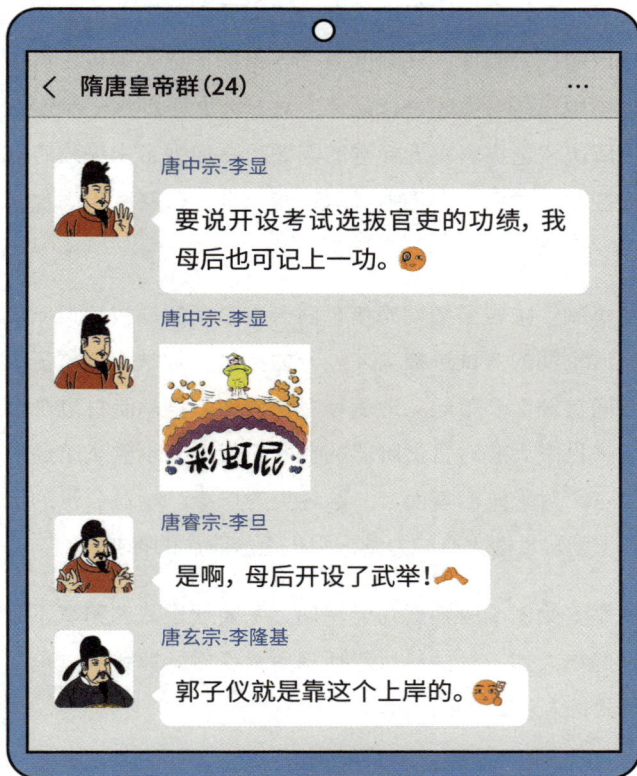

隋唐皇帝群(24)

唐中宗-李显
要说开设考试选拔官吏的功绩，我母后也可记上一功。

唐中宗-李显
彩虹屁

唐睿宗-李旦
是啊，母后开设了武举！

唐玄宗-李隆基
郭子仪就是靠这个上岸的。

划重点

上阳宫：唐朝皇宫，始建于唐高宗上元二年（675年），在隋代十六苑的基础上修建而成，位于唐神都洛阳西北侧的洛水高岸。因地处紫微城以西，故亦称西宫，其出现是隋唐洛阳城进入"两宫制"的标志。

九品中正制：隋朝以前，即魏晋南北朝时期，由曹丕设置并推广使用的选官制度。该制度通过各州郡推选大中正，再由大中正产生小中正，对人才进行品评，划分为九等。这一制度在一定程度上解决了选拔官吏无标准的问题，并加强了中央政府对官僚队伍的控制。然而，由于强调门第和出身，该制度也固化了社会阶层。

科举制：隋唐至清朝光绪年间一直沿用的选拔官员制度。科举制通过定期的考试选拔人才，分为乡试、省试和殿试三级，考试内容涵盖经义、策问、诗赋等多个方面。科举制打破了九品中正制以来世家大族对官员阶层的垄断，使更多士族子弟通过考试入朝为官。对于统治者而言，这种更为广泛、相对公平的选官制度有利于削弱世家大族的力量，强化士族阶层的拥护。

武举：始创于唐朝武则天时期，主要通过武艺和军事策略的考试来选拔人才，考试科目包括马射、步射、摔跤等，是封建王朝网罗武备人才的重要制度。

郭子仪：唐代著名将领，早年通过武举考试得以入朝为军事将领，因军功累积，官至九原太守。安史之乱爆发，郭子仪亲自率领军队收复失地。此举得到唐肃宗器重，并获封兵部尚书。

"星光不问赶路人，时光不负有心人。"正在大家慷慨激昂地回顾考试带来的诸多好处时，厌烦考试的几个末代皇帝坐不住了！

隋唐皇帝群(24)

唐宪宗-李纯

唐德宗-李适

为了应对考试，我已经头悬梁、锥刺股了。

唐哀帝-李柷

前两天测验，一道填空题就成了我及格路上的拦路虎。

唐哀帝-李柷

唐代宗-李豫

啥题?万一我们会呢。

唐哀帝-李柷

隋代第一部成文法典是 （ ）

< 隋唐皇帝群(24)　　　　　　···

唐肃宗-李亨

哎呀妈呀!《开皇律》你都不知道。

唐哀帝-李柷

我这文化水平不行,治国理政也费劲。

唐哀帝-李柷

扶墙吐血

唐玄宗-李隆基

治国这事,咱们还是要吸取隋亡的教训。

隋炀帝-杨广

又往我杨家泼脏水。

唐代宗-李豫

教材上都写"隋亡于隋炀帝的暴政"。

< 隋唐皇帝群(24) ···

隋文帝-杨坚

隋炀帝-杨广

父皇，他们在以讹传讹，我是冤枉的。

隋文帝-杨坚

你征集那么多人凿运河，作何解释？

隋恭帝-杨侑

尽道隋亡为此河，至今千里赖通波。

隋文帝-杨坚

那你花那么多钱营建洛阳城，总不能抵赖吧！

隋文帝-杨坚

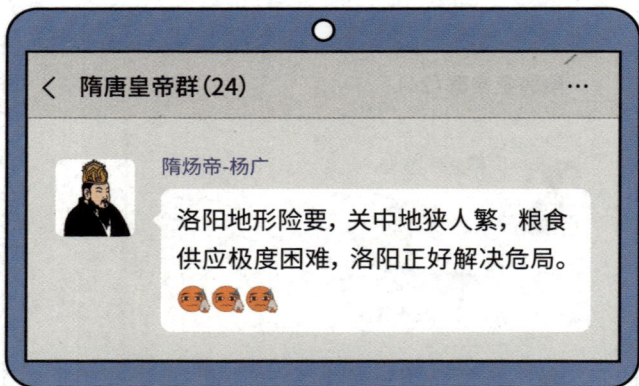

隋唐皇帝群(24)

隋炀帝-杨广

洛阳地形险要，关中地狭人繁，粮食供应极度困难，洛阳正好解决危局。

划 **重** 点

《开皇律》：隋朝第一部成文法典，由隋文帝杨坚下令编撰。《开皇律》废除酷刑，确立了死刑、流刑、徒刑、杖刑、笞刑，并将"十恶"详细地列进法典中。《开皇律》在篇章体例和基本内容上均有创新，为《唐律》提供了蓝本，具有很高的立法成就，对后世法律产生了深远影响。

京杭大运河：由隋炀帝杨广下令开凿，历时六年（604年～610年）竣工。京杭大运河北起北京、南至杭州，全长1794千米。该运河通过邗沟、江南河、通济渠、永济渠，沟通了钱塘江、长江、淮河、黄河、海河等水系。这一伟大的水利工程不仅促进了南北经济的交流和发展，更成为贯通中国政治、文化与社会的千年血脉。

隋炀帝开凿大运河的决策出于多方面的考虑。首先，他希望通过运河的连接，加强南北之间的交通和运输，从而更好地巩固中央政权的统治地位。其次，是为了抑制江南经济的快速发展，提高其他地区的经济水平，以实现经济的均衡发展。此外，运河的开通还有助于促进各地区之间的文化交流和融合，消除民族歧视和文化偏见，维护大一统的政治格局。

隋炀帝营建东都洛阳有深刻的历史原因和现实因素。首先，隋炀帝的弟弟杨谅叛乱后的部署及其管辖的百姓大部分被迁到了洛阳，而此时隋朝兵力集中在关中一带，若洛阳叛乱，难以迅速出兵平叛。其次，江南陈朝统治下的百姓也时常发生叛乱，控制江南是一个亟需解决的政治问题。第三，可以缓解关中粮食危机，就近获得关东的粮食。

就在隋炀帝解释不清时，唐高祖李渊抛出实锤，此事彻底激怒隋文帝。最后还是童言无忌的隋恭帝化解了矛盾，继续讨论畅游牡丹花会的事。

隋唐皇帝群 (24)

> 唐高祖-李渊
> @ 隋炀帝 - 杨广 你远征高句丽，这可是有目共睹的啊！

> 隋炀帝-杨广
> 别补刀了！

隋唐皇帝群(24)

唐穆宗-李恒

江湖险恶，不行就撤啊！

隋炀帝-杨广

我也是想学宇文邕伐北齐，只是没学明白……

隋炀帝-杨广

唐太宗-李世民

人家宇文邕还知道联合突厥，你一个人就敢去单挑！

武则天-武曌

隋炀帝-杨广

我是被宇文化及的糖衣炮弹给炸迷糊了！

隋唐皇帝群 (24)

唐宣宗-李忱
据说杨家江山差点换成宇文姓？

隋炀帝-杨广
（表情：我哪敢说话呀）

唐太宗-李世民
话说回来，要不是江都之变，隋炀帝也不至于那么早下台。

唐高祖-李渊
没有隋朝的一塌糊涂，又怎么会有唐朝的应运而生？

唐太宗-李世民
父皇创业艰辛，不容易啊！

唐太宗-李世民
（表情：请开始你的表演）

隋唐皇帝群(24)

隋文帝-杨坚

@ 隋炀帝 - 杨广 看你把隋朝折腾的。😠😠😠

隋文帝-杨坚

隋恭帝-杨侑

咱们还是研究赏花吧!牡丹是中国的国花。多少外国人特意飞来洛阳观看。🎆

武则天-武曌

是啊,回归主题,先赏花。

唐敬宗-李湛

👏

唐文宗-李昂

划重点

三征高句丽：隋炀帝杨广在大业八年（612年）至大业十年（614年）对高句丽共发动了三次大规模的战争。然而，因隋朝内部问题、高句丽的鼎盛状态以及地理位置易守难攻等因素，三次战争均以隋朝的失败告终。这种大规模的征伐战争，不仅让隋朝耗费了大量的人力、物力，而且繁重的兵役负担也激起了民众的反抗情绪。

隆化元年（576年），北周武帝宇文邕决定利用北齐内乱的机会，联合突厥和陈朝，发起对北齐的讨伐战争。北齐皇帝高纬战败，北周皇帝宇文邕统一北方。这场战争不仅展现了宇文邕的军事才能和政治智慧，也标志着南北朝时期北方格局的重大变化。

宇文化及在隋炀帝时期权势滔天，但因贪婪骄横，不循法度，被百姓戏称为"轻薄公子"。武德元年（618年），宇文化及利欲熏心，在江都策划杀害隋炀帝杨广。事后，他扶立秦王杨浩为傀儡皇帝，自己真正掌握实权。但宇文化及对幕后操控的现状并不满足，因此在魏县自立为帝，国号为许。这段历史被称作"江都之变"。然而，他的统治并未持续多久，次年就被夏王窦建德擒杀。

大业十三年（617年），唐高祖李渊在晋阳起兵，同年，李渊攻入京师，拥立杨侑即位，即隋恭帝。义宁二年（618年）三月，隋炀帝死于江都兵变，李渊见宇文化及称帝，力挽狂澜，遂逼迫杨侑禅位自己，以保江山稳固。李渊称帝，建立唐朝。杨侑在位仅177天，后被降封为酅国公，最终病死于长安，年仅15岁。

隋朝如昙花一现般诞生又灭亡，功过分明。隋的统一结束了自东汉末年以来近400年的分裂局面，为后来唐朝经济文化的繁荣奠定了基础。然而，隋炀帝营建洛阳、开凿运河、远征高句丽，劳民伤财，客观上还是遭到了历史的批判。

二

艰苦创业

　　创业始于想法，创业成就未来。群主李棁刚一建群，就接到评选青年企业家的大活儿。这评选细则得赶紧到群里公布一下，都是历史创造者，落下谁都小命不保啊！

‹ 隋唐皇帝群(24) ···

唐哀帝-李柷

> 新一届评选青年企业家的细则出台了。🎉🎉🎉
> 1. 名正言顺继承者；
> 2. 在位期间创造盛世；
> 3. 没有不良业绩；
> ……

隋炀帝-杨广

> 这评选不公平呀，毕竟俺们隋朝能投票的就仨人。😣

唐哀帝-李柷

> 哎呀，这也怪不得我。

唐哀帝-李柷

唐高祖-李渊

> 你隋朝本就短命，三个皇帝中还有一个是傀儡！🤭

隋唐皇帝群(24)

隋炀帝-杨广

> 秦二世而亡，后汉仅存四年，我隋朝存世三十七年，也不算太差吧。

隋炀帝-杨广

>

唐高祖-李渊

> 老哥哥，别生气了，我懂你！

隋炀帝-杨广

> 要不是你背地里搞事情，哪有改朝换代的事？

唐高祖-李渊

>

唐太宗-李世民

> 隋末农民起义军此起彼伏，就算没有我李家，也有别家。

隋唐皇帝群 (24)

唐玄宗-李隆基
还得是高祖爷运筹帷幄，才能结束乱世。👍👍

唐哀帝-李柷
想当年高祖爷起兵晋阳，这是何等的胆识！

唐哀帝-李柷

唐文宗-李昂
还联结突厥，缓解压力，多么高明的手段。👍👍

唐敬宗-李湛
老祖宗示好李密，乘群雄争斗之机南下，直取长安，建立大唐。🎉

唐高宗-李治
这眼光，这段位，无人可比。

隋唐皇帝群(24)

唐高宗-李治

唐高祖-李渊

划 重 点

隋朝末年，隋炀帝远征高句丽，兴建宫室，致使百姓承担的徭役、兵役沉重，苦不堪言。全国各地涌现出不同规模的农民起义，如河北的窦建德军、江淮的杜伏威军和河南的瓦岗军，他们都是隋朝末年实力较强的农民起义军。

李渊在隋末动乱时期，展现出了卓越的战略眼光和果断的决策能力。他出任太原留守，以晋阳为基地，敏锐地洞察了时局的变幻，把握住了起兵的良机。他巧妙地联结突厥，以缓解北方的压力，并示好瓦岗军头领李密，以减少农民起义军的威胁。在群雄争斗的混乱局面中，他果断地选择南下直取长安。这一决策不仅使他迅速占据了战略要地，也为日后建立唐朝奠定了坚实的基础。

随着李渊创业秘密的不断揭开，唐太宗李世民坐不住了，非要展示自己重建大唐伟业的光辉事迹。

> **隋唐皇帝群(24)**
>
> **唐太宗-李世民**
> 父皇真棒，虎父无犬子，我也不错啊！
>
> **唐高祖-李渊**
> 逆子闭嘴
>
> **唐高祖-李渊**
> 玄武门之变的账，我还没跟你算呢！
>
> **唐太宗-李世民**
> 我哪敢说话呀

< 隋唐皇帝群(24)　　　　　　　**...**

武则天-武曌

你和建成是兄弟啊!本是同根生,相煎何太急。

唐太宗-李世民

具体问题要具体分析嘛!

隋炀帝-杨广

谁上位不经历点血腥!

隋文帝-杨坚

李渊你能称帝,也离不开家人为你披荆斩棘的厮杀。

隋文帝-杨坚

唐高祖-李渊

我论功行赏,也算家和万事兴了。

唐高祖-李渊

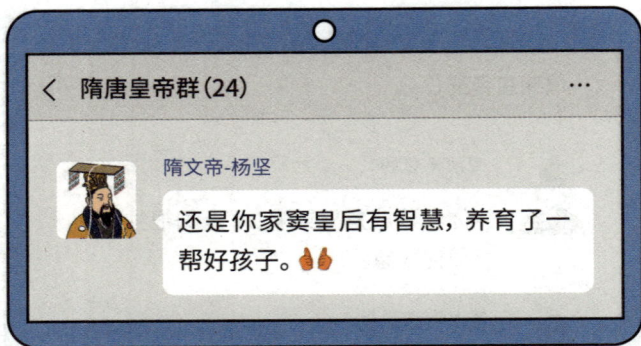

隋唐皇帝群(24)

隋文帝-杨坚

还是你家窦皇后有智慧,养育了一帮好孩子。👍

划重点

玄武门之变:唐朝建立后,唐高祖李渊封李建成为太子,封李世民为秦王,二人因即位问题早已暗流涌动。武德九年(626年),李世民在长安城玄武门发动兵变,亲手射杀李建成。事后,李渊只能立李世民为太子,并在两个月后禅让皇位。这场政变结束了李建成和李世民多年的皇位争夺,李世民登基后改元贞观,开启了唐朝的"贞观之治",为唐朝的繁荣稳定奠定了基础。

李渊目睹隋朝衰微,开始秘密扩张势力,命令长子李建成与次子李世民招揽英才,同时派遣刘文静联络突厥以增强外援。四子李元吉以其出色的军事才能,在征讨刘黑闼时立下大功。平阳公主则凭借智慧和勇气,招兵买马,组建娘子军,为李渊的军事行动提供了有力支持,成为唐朝建立过程中不可或缺的女性力量。

曹丕嫉恨弟弟曹植的才华,萌生了想要杀他的念头。一次朝堂上,曹丕故意为难曹植,让他在七步之内作出一首五言律诗，否则就要将其斩首。曹植急中生智，作《七步诗》而幸免于难。原诗为：

煮豆燃豆萁，豆在釜中泣。

本是同根生，相煎何太急？

太穆皇后窦氏：唐高祖李渊的妻子，北周文帝宇文泰的外孙女，神武郡公窦毅和北周襄阳公主的女儿。窦氏聪慧刚毅，善于书学，早年入宫抚养，得到舅父北周武帝宇文邕的疼爱。窦氏嫁给唐国公李渊，不仅为其生儿育女，还在李渊创建大唐的过程中协助辅佐。

就在开国皇帝狂炫自己时，武则天和唐玄宗早已准备好台词。对比之下，唐后期的皇帝们显得囊中羞涩，没有拿得出手的成绩。

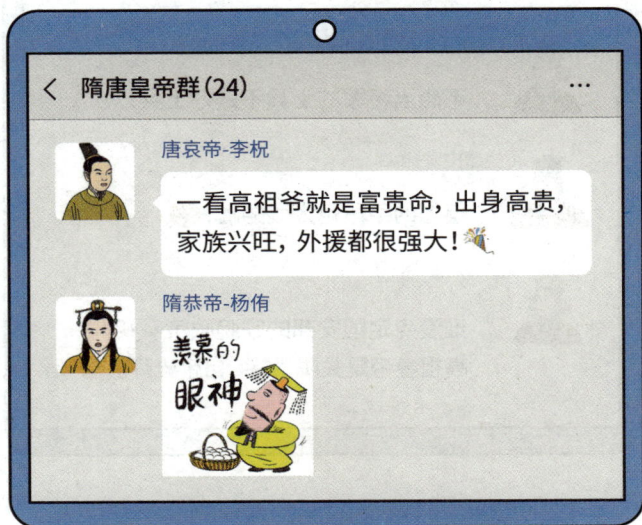

隋唐皇帝群(24)

唐哀帝-李柷
一看高祖爷就是富贵命，出身高贵，家族兴旺，外援都很强大！

隋恭帝-杨侑
羡慕的眼神

< 隋唐皇帝群(24)　　　　　　···

武则天-武曌
说起创业，没有比我更艰难的！

唐高宗-李治
您能在男权社会里当老大，已经是奇迹了！🌹🌹🌹

唐太宗-李世民
我没想到你还有执政的心思。

唐太宗-李世民
[离了个大谱 贴图]

武则天-武曌
不想当将军的士兵不是好士兵！

唐中宗-李显
但您的手段也太残酷啦！

武则天-武曌
谁没点定国安邦的铁腕政策啊！哪像高祖皇帝是关陇贵族，自带光环。

隋唐皇帝群(24)

唐高祖-李渊

幸运而已。

唐高宗-李治

我觉得还是隆基比较幸运。

唐高宗-李治

羡慕的眼神

武则天-武曌

先处理婶婶，扶老爸上位；后处理姑姑，让老爸退位。👍👍

唐代宗-李豫

祖父也算是占尽天时地利人和，想不成事都难。哪像我，空有即位的命。😭😭😭

唐高祖-李渊

来吧展示

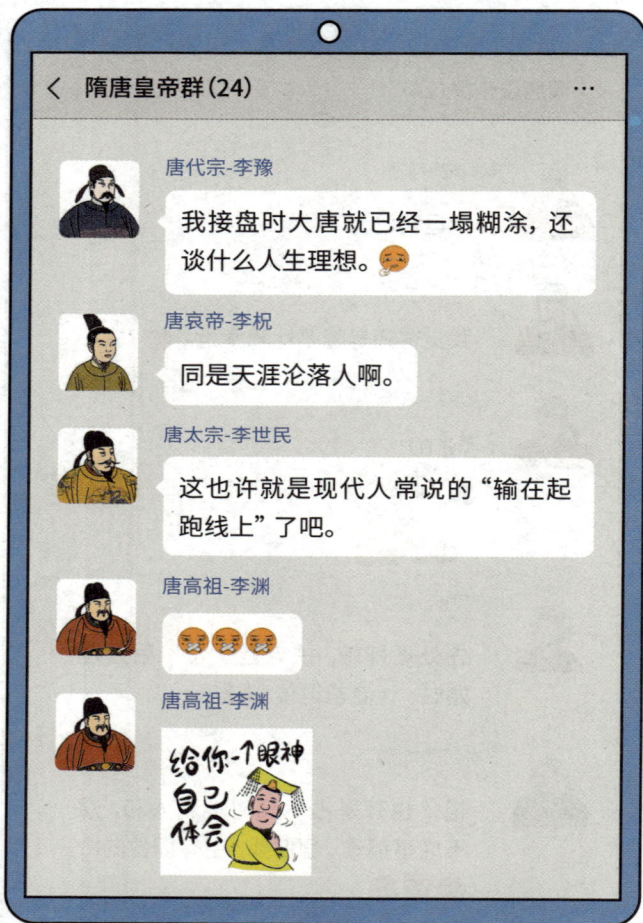

隋唐皇帝群(24)

唐代宗-李豫
> 我接盘时大唐就已经一塌糊涂，还谈什么人生理想。

唐哀帝-李柷
> 同是天涯沦落人啊。

唐太宗-李世民
> 这也许就是现代人常说的"输在起跑线上"了吧。

唐高祖-李渊
> 😤😤😤

唐高祖-李渊
> 给你一个眼神 自己体会

划 重 点

武则天：唐太宗时期的才人，太宗去世后入感业寺出家。唐高宗李治即位后接武则天回宫，武则天被封为昭仪，并于永徽六年（655年）被封为皇后，后来又被加封"天后"，与高宗共同处理政事。天授元年（690年），武则天自称"圣神皇帝"，改国号为"周"，成为中国历史上唯一一位女皇帝。

关陇贵族：是指北周、隋、唐三朝关陇地区的贵族。自北周时期的宇文家族始，关陇贵族在统治集团中位居主导地位。隋朝皇帝杨家和唐朝皇帝李家的祖先都是北周宇文家的重臣，而隋炀帝杨广和唐高祖李渊又是表兄弟，因此从北周的宇文泰到隋朝杨坚，再到唐朝李渊，江山两次易主，却都是关陇贵族内部的权力流转。

唐玄宗李隆基是武则天的亲孙子，唐睿宗李旦的第三个儿子。唐隆元年（710年），为匡扶李家江山，李隆基与姑姑太平公主联手发动"唐隆政变"，剿灭韦氏。事后，李旦即位为唐睿宗。先天元年（712年），李旦禅位于李隆基，李隆基是唐朝历史上在位时间最长的皇帝。

李隆基称帝后，受制于姑姑太平公主，于是设计杀害太平公主及其党羽。此后李隆基正式掌管朝政，改元"开元"。至此，自武则天以来的皇后、公主干预政事的局面结束，中宗即位八年以来的混乱政局也稳定下来。

唐代宗李豫幼时深受祖父唐玄宗宠爱，于乾元元年（758年）被唐肃宗李亨册立为皇太子。肃宗病死后，李豫被宦官李辅国等拥立即位，即唐代宗。此时正是安史之乱后生灵涂炭、经济凋敝之际。

随着武则天和唐玄宗讲述自己的创业史，群内同僚们不禁感怀起唐朝末代皇帝的往事。这不，就连隋末皇帝也一同跟着泣不成声。

〈 **隋唐皇帝群(24)** ···

唐哀帝-李柷

话说回来，高祖爷入主长安后，怎么不直接称帝？

唐高祖-李渊

装还是得装一下的。

隋恭帝-杨侑

所以我就是那个过渡的工具人。

隋恭帝-杨侑

这双眼看透大唐了

武则天-武曌

这细节，简直是滴水不漏。

唐代宗-李豫

作为末代皇帝的一员，我认为啊……

隋唐皇帝群(24) ···

唐睿宗-李旦
少说话，祸从口出。中宗李显就是乱说话，那下场才……

唐睿宗-李旦
你可长点心吧

唐代宗-李豫
中宗都敢说把江山给老丈人，他母后不生气才怪！

唐高祖-李渊
还有更雷人的，唐后期皇帝都要把江山给宦官了。

唐高宗-李治
简直不敢相信

唐哀帝-李柷
无奈！我只是傀儡皇帝，大权都在朱温那儿。

唐太宗-李世民

这觉悟，我也是醉了。

唐哀帝-李柷

昔我先祖"筚路蓝缕，以启山林"，奈何如今我等子孙却守不住家园！

唐哀帝-李柷

武则天-武曌

朝代兴亡是天道，历史车轮滚滚向前！（昧着良心安慰一下你，我太难了。）

武则天-武曌

隋唐皇帝群(24)

唐哀帝-李柷
是，祖辈们是放轮子的，我是被轧的那位！🤭

唐高祖-李渊
你小子，敢调侃我！

唐高祖-李渊
[扶墙吐血]

唐哀帝-李柷
[我哪敢说话呀]

唐僖宗-李儇
如果你是被轧的，那我就是被轧得粉碎的。🍗

唐太宗-李世民
[简直不敢相信]

划重点

唐哀帝李柷五岁时就受封为辉王，朱温杀害唐昭宗李晔后，便立李柷为太子，但李柷就是朱温掌权的傀儡皇帝。天祐四年（907年），朱温不甘心身居幕后，逼迫李柷禅位给自己。朱温执政后，封李柷为济阴王，唐王朝从此灭亡。

唐僖宗李儇从小便由宦官田令孜照顾起居，即位后整日热衷游乐，朝政大权都掌控在田的手中。田令孜掌权期间横征暴敛、贪赋重税，从而引发了王仙芝、黄巢起义。虽然在各藩镇的夹击下，此次起义终被平定，但此后藩镇割据普遍出现，部分实力强的藩镇先后被封为王，尤其是黄巢的部将朱温。朱温在投降唐朝后被唐僖宗赐名朱全忠，此举为唐朝的灭亡埋下了祸根。

筚路蓝缕，以启山林：这句话出自《左传·宣公十二年》，本意用来形容一个人驾着简陋的车，穿着破衣服去开辟山林。后来用此形容一个人创业艰辛。

唐高宗李治因病去世后，李显继承皇帝位，即唐中宗。唐中宗尊母后武则天为皇太后，重用皇后韦氏的亲戚，还想要提拔韦后的父亲韦玄贞任宰相。因为遭到大臣反对，李显大怒说："我以天下给韦玄贞，也无不可，难道还吝惜一侍中吗？"大臣们听到这话，便报告给武则天。武则天对李显的言行大为恼火，便废李显为庐陵王。

群内建国者吹嘘自己的不容易，亡国者也不平衡地哭诉自己生逢乱世。群主建议成绩斐然者分享一下经营经验，衰颓帝王也纷纷响应，并约定下期见。

三

盛世制造专业户

"没什么大愿望，没有什么事要赶……"《小美满》的闹铃响了。隋炀帝刚一开机，就发现自己被@了。群待办：早八点到大唐芙蓉园开会。这时间点，已然来不及了！

隋唐皇帝群(24)

唐哀帝-李柷

@ 隋炀帝 - 杨广

隋炀帝-杨广

什么情况?开会?我刚开机,怕是来不及到现场了!

隋文帝-杨坚

离了个大谱

唐哀帝-李柷

怕影响您休息,没敢提前打电话。

隋恭帝-杨侑

我也才看见通知。

隋文帝-杨坚

隋朝盛世开皇之治和你俩也没啥关系!潜水就好。

隋炀帝-杨广

我也是千古一帝,好吗?

隋唐皇帝群（24）

隋炀帝-杨广

隋文帝-杨坚

败家儿子，少说两句吧。

隋恭帝-杨侑

咱们自家人就别内讧了！让旁人笑话。

唐高祖-李渊

唐太宗-李世民

隋炀帝-杨广

您得听我狡辩。

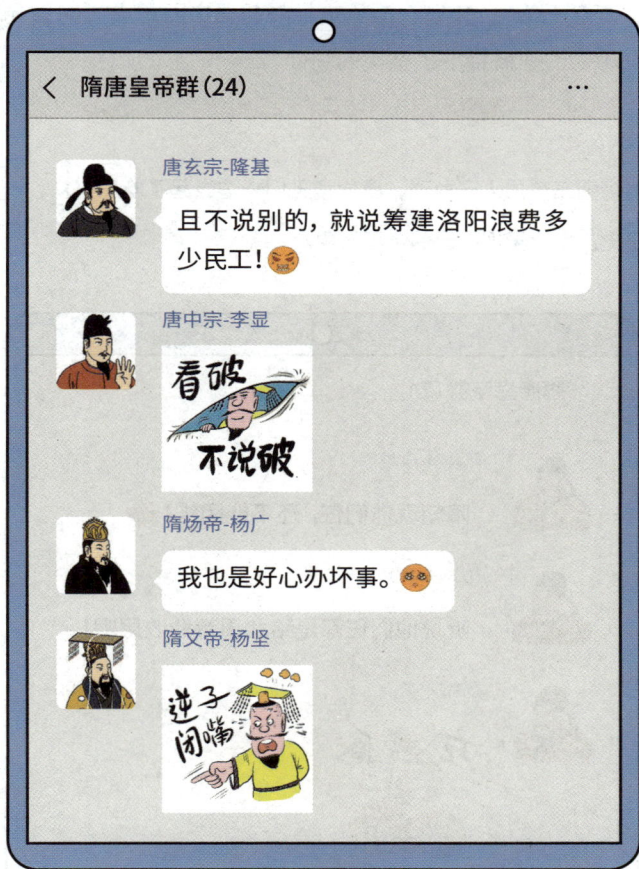

隋唐皇帝群(24)

唐玄宗-隆基
> 且不说别的，就说筹建洛阳浪费多少民工！

唐中宗-李显

隋炀帝-杨广
> 我也是好心办坏事。

隋文帝-杨坚

划重点

开皇之治：隋文帝杨坚治国期间开创的盛世局面。杨坚自即位以来改革制度，发展经济，加强集权，使得社会繁荣，人口大增，史称"开皇之治"。开皇之治奠定了隋朝在中国历史上的重要地位，为后来唐朝的强盛打下了坚实的基础。

看着隋朝三个男人一台戏，唐朝帝王们一边当起了吃瓜群众，一边八卦着隋朝秘史，完全无视自己的帝王形象。

< **隋唐皇帝群(24)**　　　　　　　　…

唐太宗-李世民
> 隋朝就你们仨，还不能团结！😄

唐高宗-李治
> 听说他们仨都是给北周帝业收尾呢！

唐高宗-李治
> 吃 瓜

唐哀帝-李柷
> 北周？

唐中宗-李显
> 隋文帝和北周政权有姻亲关系哦。
> 😊😊😊

隋唐皇帝群(24)

唐玄宗-隆基

隋文帝的女儿是北周宣帝宇文赟的皇后。🌹

隋文帝-杨坚

咱那会儿也是个皇亲国戚呢。

隋文帝-杨坚

唐哀帝-李柷

听说隋恭帝也有不少八卦秘史!

隋恭帝-杨侑

不要欺负人,我是正统皇帝即位,有史册记载的。

隋恭帝-杨侑

隋唐皇帝群(24)

隋文帝-杨坚
> 谁家还没有点闹心事，家大业大的不好管啊！😛

隋炀帝-杨广
> 好在父皇圣明，开皇之治彪炳史册！

隋炀帝-杨广
> 吃瓜

武则天-武曌
> 隋朝就一个，咱大唐盛世可好几个！😄😄😄

唐哀帝-李柷
> 譬如贞观之治！🎉

唐中宗-李显
> 彩虹屁

隋唐皇帝群(24)

唐玄宗-李隆基

唐肃宗-李亨
《贞观政要》可是后世学习之典范。

唐代宗-李豫
是的呀，历朝历代用人标准都以太宗为榜样。

划 重 点

　　北周政权：由宇文家族建立，是南北朝时期的一个重要王朝。北周在政治、经济、文化等方面都有显著的成就，尤其在军事上表现出色，成功统一了北方，为后来的隋朝统一全国奠定了基础。

　　杨坚的家族在北周拥有显赫地位，他承袭父亲杨忠的爵位，并在北周朝廷中担任要职，如柱国大将军、大司马等，积累了极高的威望。他的女儿嫁给北周宣帝宇文赟，成为皇后。这种姻亲关系为杨坚在北周政坛的崛起和最终取代北周建立隋朝，提供了重要的政治资本和影响力。最终，在北周政权动荡之际，杨坚成功取代北周，自立为帝，建立了隋朝，实现了中国历史上的又一次大一统。

贞观之治：唐太宗李世民治国期间出现的盛世局面。他任人唯贤，广开言路，并采取了一系列政策，如以农为本、厉行节约等，使得社会安定，人民安居乐业，为后来的开元盛世奠定了重要基础。

《贞观政要》：唐朝史学家吴兢所著的政治类史书，记述了唐太宗贞观年间的施政经验。该书强调君道与臣术，主张君明臣贤，励精图治。本书是了解和研究唐朝初年政治、历史的重要文献，体现了中国古代的政治智慧，对于现代政治治理也具有一定的启示和借鉴作用。

眼看着隋唐两朝的皇帝们拼命使出浑身解数，武则天发挥女性魅力，使出四两拨千斤的温柔战术，让老公和儿子都目瞪口呆了！

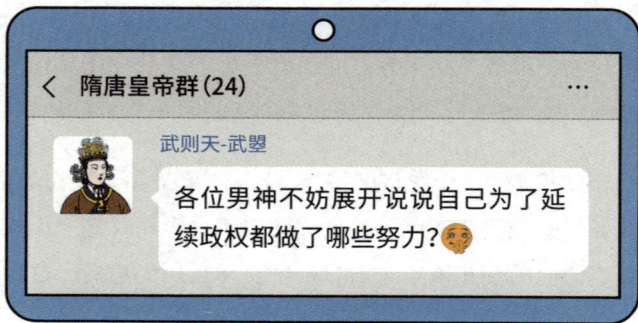

隋唐皇帝群(24)

武则天-武曌

各位男神不妨展开说说自己为了延续政权都做了哪些努力？

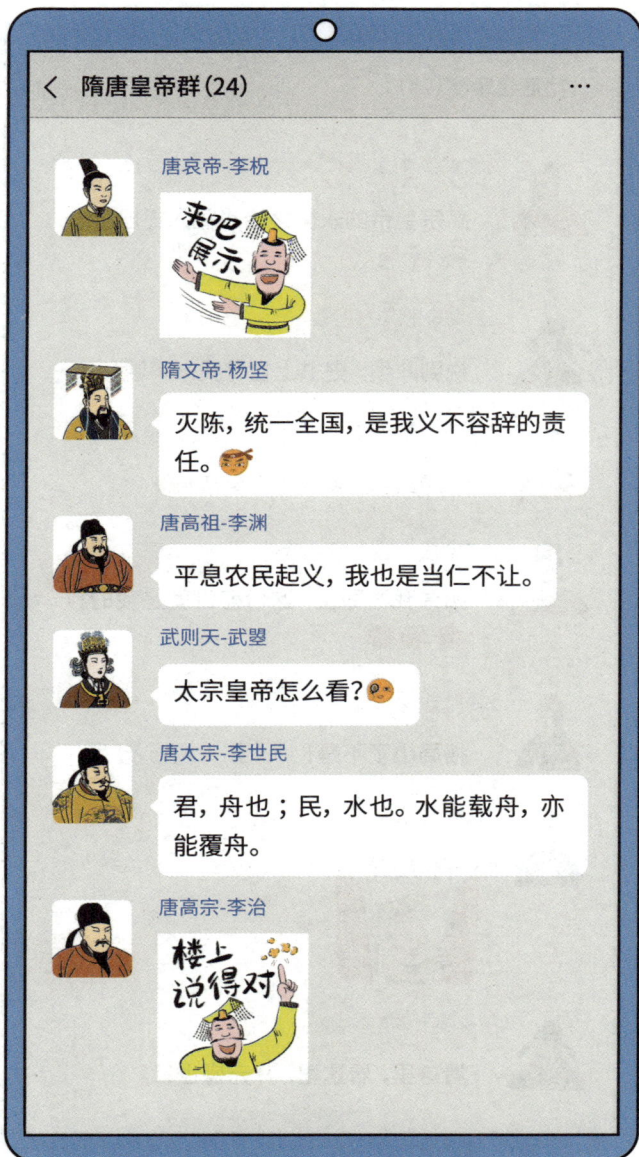

隋唐皇帝群(24)

唐哀帝-李柷

来吧展示

隋文帝-杨坚

灭陈，统一全国，是我义不容辞的责任。

唐高祖-李渊

平息农民起义，我也是当仁不让。

武则天-武曌

太宗皇帝怎么看？

唐太宗-李世民

君，舟也；民，水也。水能载舟，亦能覆舟。

唐高宗-李治

楼上说得对

< **隋唐皇帝群(24)**　　　　…

唐德宗-李适

高宗皇帝的永徽之治也载入史册了。🎉🎉🎉

武则天-武曌

说到政绩，史书上也有我一笔呢！

唐德宗-李适

您的政绩，我等望尘莫及！🐷

唐中宗-李显

如果我早即位，这份盛世就是我的。😊😊😊

隋炀帝-杨广

格局小了不是！

隋炀帝-杨广

格局打开

唐玄宗-李隆基

看这里，看这里，开元盛世！👆

隋唐皇帝群(24)

武则天-武曌
隆基是个好苗子，儿时见他就很喜欢。😊

唐高祖-李渊
好好的盛世，全毁杨贵妃手里了。

唐玄宗-李隆基
情到深处难自抑。😔

武则天-武曌
真爱还能有马嵬驿兵变？😓

武则天-武曌
简直不敢相信

唐玄宗-李隆基
我哪敢说话呀

< 隋唐皇帝群(24)   ···

唐高祖-李渊
你们真让人操心，什么事都解决不好。😤😤😤

唐中宗-李显
[表情：光速消失]

唐哀帝-李柷
这是心虚，才赶紧跑了呗！😎

唐高祖-李渊
还有依附宦官那一批，都冒个泡？😠😠😠

唐懿宗-李漼
😶

唐宣宗-李忱
😶

唐昭宗-李晔
😶

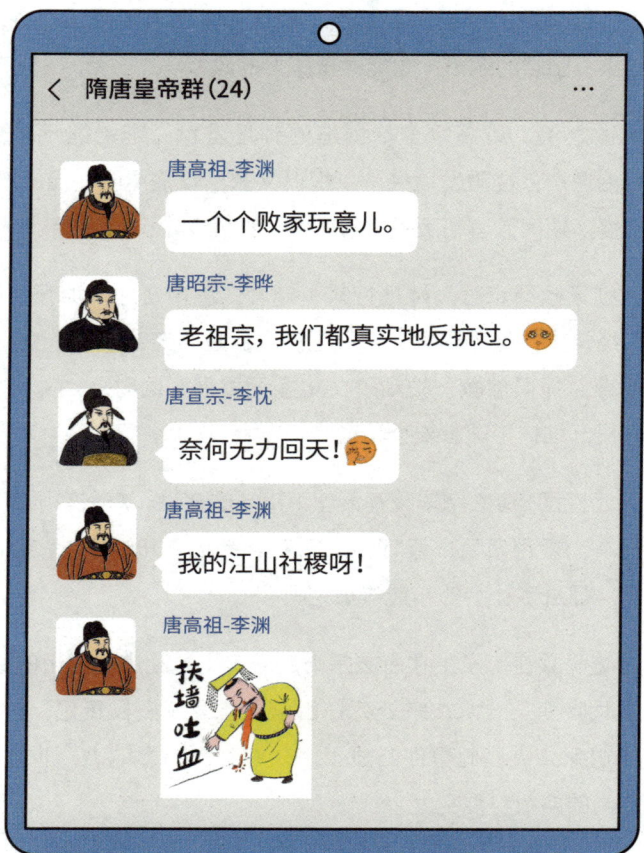

隋唐皇帝群(24)

唐高祖-李渊
一个个败家玩意儿。

唐昭宗-李晔
老祖宗，我们都真实地反抗过。

唐宣宗-李忱
奈何无力回天！

唐高祖-李渊
我的江山社稷呀！

唐高祖-李渊
扶墙吐血

划 重 点

　　"君，舟也；民，水也。水能载舟，亦能覆舟。"此句意为：国君是船，百姓是水。水能让船航行，也能让船倾覆。这是唐太宗治国、处理政务时的主要观点。他认为，国君要爱惜百姓，百姓既能拱卫国君的统治，也能颠覆国君的政权。

永徽之治：唐高宗李治创造的辉煌盛世，李治继承了唐太宗的政治遗产，注重发展经济，提倡文教，政治清明，经济繁荣，文化昌盛。期间，唐朝版图空前广大，边境安定，百姓安乐。

武则天政绩卓著，她推行科举制度，重用贤才，加强了中央集权；经济上，轻徭薄赋，发展生产，促进了经济繁荣；文化上，重视教育，提倡佛教，推动了文化多元发展。同时，她对外抗击外来入侵，维护了国家安全和稳定。

开元盛世：唐玄宗李隆基治理下出现的盛世。唐玄宗励精图治，改革机构，重用贤臣，修订律法，发展经济，开疆拓土，加强民族关系，促进了社会的和谐与稳定。

马嵬驿兵变：发生在唐玄宗为逃避安史之乱逃往四川的路上，途中士兵哗变，要求玄宗处死奸臣杨国忠及宠妃杨贵妃，玄宗无奈下令赐死二人。此事件凸显了军队对朝政的影响力，也揭示了唐朝政治的腐败与混乱。

宦官专权：唐朝中后期政治腐败的重要表现，是唐朝走向衰落的重要原因之一。宦官集团逐渐崛起，掌握禁军大权，甚至干预皇位继承。部分宦官如李辅国、仇士良等权势滔天，欺压皇帝，无恶不作。他们专权横行，导致政治混乱，民生凋敝。

唐懿宗李漼、唐宣宗李忱、唐昭宗李晔对宦官的依赖程度各有特点。整体上看，李漼重用宦官，致使政治腐败；李忱虽非完全依赖宦官，但亦有宦官在其政权中扮演重要角色；李晔则在宦官支持下即位，但后期也面临宦官势力的挑战。

经过一番唇枪舌战，唐高祖不禁为大唐的衰颓痛哭流涕。一直潜水的唐朝末世皇帝们实在忍不住了，也顾不得之前的腼腆，一涌而出……

> **隋唐皇帝群(24)**
>
> **唐懿宗-李漼**
> 老祖宗，莫要哭！
>
> **唐僖宗-李儇**
> 唐后期虽比不上之前繁荣，但也不是一塌糊涂。
>
> **唐昭宗-李晔**
> 是啊，我们几个虽是朽木不可雕，但也有好苗子。
>
> **唐哀帝-李柷**
>

< **隋唐皇帝群(24)** ⋯

武则天-武曌
都这时候了，别潜水了，快出来让老祖宗高兴高兴！🦐

唐宪宗-李纯

唐武宗-李炎

唐宣宗-李忱

唐中宗-李显
组团来的？

唐宪宗-李纯
我任内出现元和中兴。

隋唐皇帝群(24)

唐玄宗-李隆基

唐武宗-李炎
我碰巧创造一个会昌中兴。

唐武宗-李炎

唐宣宗-李忱
我是实干派的，为老百姓贡献了大中之治！

唐太宗-李世民
你这"小太宗"的美誉不是白给的。

唐太宗-李世民

划重点

元和中兴：唐宪宗李纯即位后整顿朝政，改革旧弊，朝廷威信增加，加之西北边患减少，朝廷趁机开始再度裁抑藩镇。当时，各地藩镇在长期战乱中实力有所削弱。唐宪宗采取"先弱后强"的策略，于元和元年（806年），先平定西川节度使刘辟叛乱，次年又削弱了镇海节度使李锜的势力。这两次举动使朝廷威望大增，诸镇始有畏惧之心。陷于强藩六十余年的河北、山东、河南等地区又归朝廷管辖，藩镇叛乱基本上被清除。

会昌中兴：唐武宗李炎在位期间重用良相李德裕，推行一系列政策，使得当时腐朽的唐朝逐渐恢复元气。他禁止官吏经营质库业，改善政府形象，增加国家税源，巩固中央集权。同时，唐武宗还通过北击回鹘等军事行动，减轻了国防压力，并间接震慑了周边游牧民族。会昌中兴是唐朝中后期的一段较为平稳的时期，为唐朝的发展注入了新的活力。

大中之治：唐宣宗李忱在位期间的盛世局面。李忱勤俭治国，注重人才选拔，注重民生，使唐朝国势日渐加强。唐宣宗还致力于结束牛李党争，抑制宦官势力，击败外敌，收复失地等重大事项。在唐宣宗的努力下，唐朝整体上呈现"中兴"的局面，被后世誉为"大中之治"。

唐朝盛世是中国历史上的辉煌时期，以唐太宗李世民的贞观之治为起点，历经高宗、玄宗等多位明君的治理，呈现出社会政治清明，各族文化昌盛等景象。

四

经济搭台

随着盛世制造者们疯狂晒业绩，群内的小伙伴纷纷喝彩。越吹捧越来劲，这不，隋唐的治理者还为经济发展献计献策。

隋唐皇帝群(24)

隋恭帝-杨侑
如果时光倒流，我也能创造盛世。🙏🙏🙏

隋文帝-杨坚
你也就喊喊口号，这不，我正要去江南划拉几块土地种水稻呢。粮食多了，国库也就满了。

隋文帝-杨坚

隋恭帝-杨侑
我看行，21世纪袁隆平培育了杂交水稻，咱们正好引进新品种。

隋炀帝-杨广
咱那大运河，不仅是灌溉小能手，还是运输主力军呐！

唐武宗-李炎
可显着你了。

< 　隋唐皇帝群(24)　　　　　　···

唐武宗-李炎

唐哀帝-李柷

这倒不假,明清两朝的南粮北运都靠这条大运河了。

隋文帝-杨坚

这么看来,我儿也算办了件惠泽后代的事!

唐僖宗-李儇

隋文帝的江南开发,更是值得称道的啊。

唐僖宗-李儇

隋炀帝-杨广

那可不?多亏了我爸改革均田制。

隋唐皇帝群(24)

唐高祖-李渊
我儿子也在你爸这儿取的经。

唐太宗-李世民
确实，我继续推行了均田制。

武则天-武曌
您还鼓励农民开垦荒地呐！

武则天-武曌

唐玄宗-李隆基
与均田制配套实行的租庸调制度，让咱大唐国库更富足了。

唐肃宗-李亨
后来我们有了筒车和曲辕犁，更了不得呢。

隋炀帝-杨广
那也只是农业。

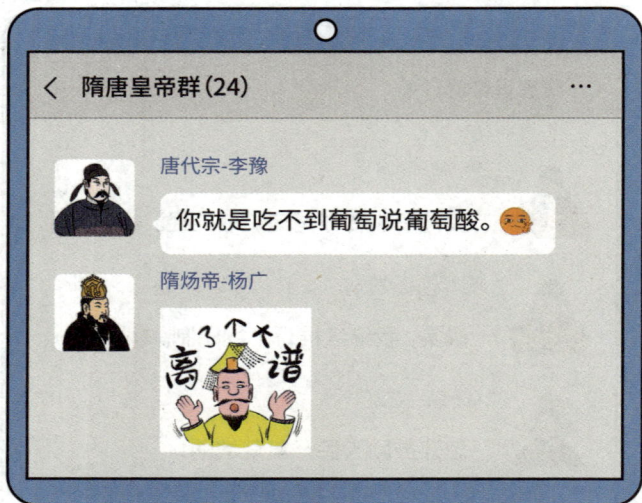

隋唐皇帝群(24)

唐代宗-李豫
你就是吃不到葡萄说葡萄酸。

隋炀帝-杨广
离了个大谱

划重点

　　江南开发：为了加强对江南地区的开发，隋文帝制定了一系列政策，如改变行政区划、整顿乡里制度、改革户籍管理和土地制度等。尽管初期因政策推行过快而遭遇困难，但隋文帝逐步调整策略，注重稳定江南地区的社会秩序。通过修建水利设施、鼓励农业发展等措施，江南地区的经济文化得到持续发展，为隋朝的经济繁荣奠定了基础。

　　南粮北运：明清两朝一项重要的漕运制度。南粮主要来自江苏、安徽等南方地区，粮食通过运河等水路运往北方。这一制度不仅解决了京师贵族及百姓的粮食需求，而且加强了南北之间的经济联系。

均田制：北魏至唐朝前期普遍实行的一种按人口分配土地的制度。北魏初年，百姓因长期战乱而流离失所，田地荒芜，国家赋税收入受到严重影响。为保证赋税来源，北魏孝文帝拓跋宏于太和九年（485年）颁布均田令，后来隋、唐初期仍行此制。唐朝中叶以后，百姓人数显著增加，土地兼并日益严重。尤其是天宝年间，百姓返乡后，曾经开垦的土地已经被别人占据，无法归还，均田制难以继续。建中元年（780年），唐德宗李适在宰相杨炎建议下实行两税法，均田制被废止。

租庸调制：隋朝及唐朝前期，以均田制为基础而实行的赋税制度。租庸调制以征收谷物、布匹或者为官府服役为主。武周时期开始，人口大量增加，公家已经没有土地实行均田制，租庸调制也随着均田制的瓦解而不能继续实行。

筒车：又称"水转筒车"，是唐朝时期比较盛行的一种古老的水力灌溉工具。筒车是利用水流转动车轮，使车轮上的水筒自动灌溉农田。筒车的设计巧妙，结构简单，操作方便，且能有效利用水力资源，对古代农业生产产生了深远影响。

曲辕犁：又名江东犁，是在传统直辕犁的基础上改进的。犁铧普遍变窄变小，也更加锋利，便于土壤耕作，犁壁也更轻便，减少前进的阻力。整个犁具长度缩短，操作灵活，提高了耕作效率。曲辕犁不仅适合江南地区的粘性土壤和水田耕作，也适合北方平原山地的旱作地区。

眼看着隋朝皇帝羡慕嫉妒，群里火药味十足。盛世明君李世民出来调停，没想到按下葫芦浮起瓢。

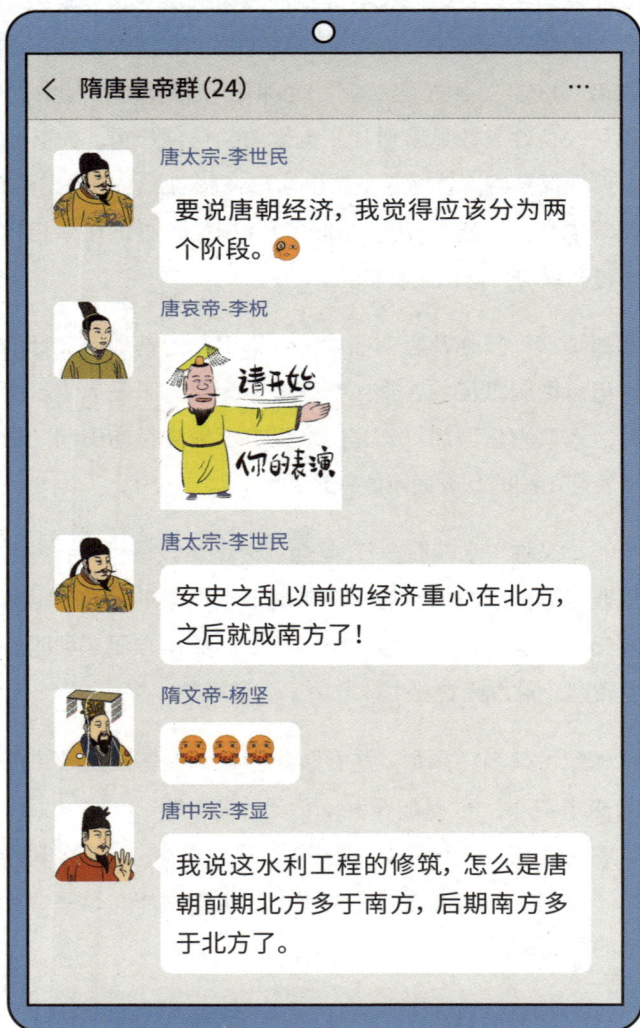

隋唐皇帝群(24)

唐太宗-李世民
要说唐朝经济，我觉得应该分为两个阶段。😊

唐哀帝-李柷
请开始你的表演

唐太宗-李世民
安史之乱以前的经济重心在北方，之后就成南方了！

隋文帝-杨坚
🎃🎃🎃

唐中宗-李显
我说这水利工程的修筑，怎么是唐朝前期北方多于南方，后期南方多于北方了。

隋唐皇帝群(24)

唐中宗-李显

隋炀帝-杨广

就说运河有用没？😖

唐高祖-李渊

这孩子怕是魔怔了。😶

武则天-武曌

山田的出现，使江南的粮食产量超过北方。

唐哀帝-李柷

怪不得德宗时期，财务开工资都要靠江南税收。😑

隋恭帝-杨侑

江淮地区，农田容易熟。

隋炀帝-杨广

这就是所谓的"江淮田一善熟，则旁资数道。故天下大计，仰于东南"。

< **隋唐皇帝群(24)** ···

唐玄宗-李隆基

农业的发展，还带动了手工业生产。

🥮🥮🥮

唐哀帝-李柷

是啊，就拿纺织业来说，唐后期吴越一带成为纺织业的中心，形成了天下"辇越而衣"的局面。

唐哀帝-李柷

唐中宗-李显

成都的蜀锦、定州的绫、亳州的纱也都很有名。

武则天-武曌

听说唐中宗的女儿安乐公主出嫁时，四川进献"单丝碧罗笼裙"，上面的花卉鸟兽竟然细如米粒，极尽工巧。

🧍🧍🧍

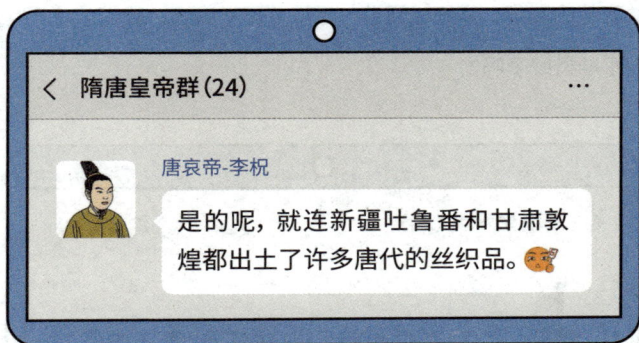

隋唐皇帝群(24) ···

唐哀帝-李柷

是的呢，就连新疆吐鲁番和甘肃敦煌都出土了许多唐代的丝织品。

划 重 点

山田：唐代山田的出现主要源于土地兼并的加剧和农民对耕地的迫切需求。农民在平地难以获得足够的农田，于是转向山地开垦，形成了山田。

"江淮田一善熟，则旁资数道。故天下大计，仰于东南"：出自《新唐书·权德舆传》，是指江淮地区（即江南地区）的农田一旦丰收，就能够为周边多个地区提供物资支持，因此维持国家正常运转的重任就寄托在东南的江淮地区。这句话表明了唐代经济重心已经南移，江南地区的粮食生产成为国家生活的主要支撑。

据《新唐书·地理志》载，唐代后期，江南道境内修建的大型水利工程约有50处，占全国总数的60%。其中润州（今江苏镇江）的练塘、常州武进的孟渎等都是能够灌溉数千顷甚至万顷田地的著名水利工程。此外，唐朝还修建了许多中小型的陂塘。水利工程的兴修增加了灌溉面积，使大量荒地变成良田。

聊着唐朝的繁华，都好想畅游一番。"再不疯狂，我们就老了！"未来已来，大家准备好了吗？

隋唐皇帝群(24)

唐哀帝-李柷
现在网上流行 VR 体验游，要不咱们试一试？😴

唐太宗-李世民
这个主意好，电影院里都是2D、3D，这个能实现8D 特效。😋

唐高祖-李渊
楼上说得对

唐哀帝-李柷
好嘞～安排！

唐哀帝-李柷
穿越大唐 | 一睹长安盛世

VR 体验馆

隋唐皇帝群(24)

唐玄宗-李隆基
快看，这四通八达的交通网，简直就是21世纪的地铁和高架桥嘛！

唐代宗-李豫
这官道，这驿站，还有这滚滚而流的大运河……

唐代宗-李豫

唐顺宗-李诵
这一块一块的区域是什么?这么多人。

唐宪宗-李纯
这是长安的市场，分为夜市、街市、豪商区等。

武则天-武曌
那些有不同肤色、穿不同服饰的是什么人?

隋唐皇帝群(24)

唐穆宗-李恒
> 他们是外国商人和游牧民族。

武则天-武曌
>
> 给秀儿戴上

唐宣宗-李忱
> 他们是怎么来的呢?难道唐朝就有飞机了?

唐穆宗-李恒
> 想什么呢?他们是通过丝绸之路来的。😎😎😎

唐高祖-李渊
> @唐宣宗-李忱 很难想象,你是唐朝当家人。🤦

唐宣宗-李忱
> 我是历史的过客,不影响车轮向前。🙇🙇🙇

< 隋唐皇帝群(24) ···

唐敬宗-李湛

武则天-武曌
商品种类还挺多，堪比现代大商场。🏺🏺🏺🏺🏺

唐哀帝-李柷
茶叶、纺织品、香木……

唐武宗-李炎
只有你想不到的，没有这里不卖的。🍊🍊🍊

武则天-武曌
咱们的商品不仅在国内畅销，也走向了全世界。

武则天-武曌

隋唐皇帝群(24)

唐高祖:李渊

划重点

官道：唐朝官道纵贯全国，连接四方，是朝廷与各地往来的重要通道。官道的道路宽阔平坦，沿途还设置驿站，这些驿站为往来者提供食宿和换马匹的服务。官道的畅通不仅促进了商贸往来和文化交流，也加强了中央对地方的控制与管理。唐朝官道的繁荣展现了当时社会的开放与活力。

驿站：作为古代交通体系的重要组成部分，为过往的官员、商贾和使者提供休憩和换乘的便利。驿站内设施完备，有客房、马厩和仓库等，满足来往人员的基本需求。

丝绸之路：通过海路，唐代与日本、朝鲜、南洋群岛、中南半岛以至非洲都建立了联系，形成了唐前期陆上丝路与海上丝路并举的对外交通格局。沿海的温州、福州、泉州等成为新兴的外貿港口城市，洛阳、扬州也是当时著名的商业大都市。

唐朝商业干得风生水起，有多年执政经验的帝王们自然不会错过征收商业税的契机。

隋唐皇帝群(24)

唐中宗-李显
商业税中，纺织业一直不错。

唐懿宗-李漼
那你是不了解唐后期的经济。

唐僖宗-李儇
多年战乱导致民不聊生，纺织业不景气，此时茶叶税却使国库充盈。

唐玄宗-李隆基
简直不敢相信

唐玄宗-李隆基
小小的茶叶竟有这么大的能量！

< 　隋唐皇帝群(24)　　　　···

唐中宗-李显

想不到吧!

唐哀帝-李柷

据说饮茶风气已由南方传到北方,甚至回鹘人也经常到内地来购买茶叶。

武则天-武曌

此时还出现了有关茶的专著——《茶经》。

唐高祖-李渊

唐哀帝-李柷

唐德宗以后,茶税开始成为唐朝政府的一项重要税收。

武则天-武曌

可惜,茶税征收后,各地官员便任意征求。

隋唐皇帝群(24)

唐高祖-李渊

啧啧，就不能有点开心的事儿汇报？

唐肃宗-李亨

有的，咱们大唐的瓷器商业化，真正做到了利民哪！👍👍

唐高祖-李渊

唐哀帝-李柷

邢窑的白瓷"类银""似雪"。

武则天-武曌

越州窑的青瓷纯青，因为是给帝王专用，故被誉为"秘色瓷"。👍👍

唐懿宗-李漼

唐三彩的造型生动逼真，釉色艳丽。

隋文帝-杨坚

划重点

唐代后期，南方茶叶生产有显著发展。西起四川，东至湖南、江西的广大地区都有种植茶叶。其中，饶州的浮梁（今江西景德镇北）、歙州的祁门（今安徽黄山西南）、湖州的长城（今浙江长兴县）是唐朝著名的茶产地。

《茶经》：我国第一部关于茶叶的专门著作，由唐代茶学家陆羽所作，其中的记载表明唐代的茶树栽培、茶叶的采摘和焙制加工技术已相当成熟。

茶税：作为唐朝税收的一种，始收于唐德宗建中元年（780年）。茶税税率开始时为收十税一，后来税率一涨再涨。唐德宗时每年茶税收入四五十万贯，到唐宣宗时已近百万贯。

白瓷主要出产于邢州窑。白瓷的烧制要求是去除釉料中的铁元素，因此白瓷的出现和发展本身就代表着制瓷技术的进步。在当时，色泽白皙、形态优美的白瓷制品无疑是一件奢侈品。白瓷体薄釉润、光洁纯净，十分适合作为茶具使用，陆羽在《茶经》中曾这样称赞："邢州瓷白，茶色红。"

青瓷主要出产于越州窑和岳州窑，胎质细薄、釉色柔润、晶莹可爱，被当时人称为"假玉"。

唐三彩：陶器的一种，是对汉代釉陶的发展。最早出现于唐高宗时期，唐玄宗开元时期达到鼎盛，天宝时期以后逐渐衰落。唐三彩的制作过程是，首先在白地陶胎上刷上无色釉，再用黄、绿、青三色加以装饰。唐三彩多姿多彩，花团锦簇，可视为盛唐气象的一大写照。唐代出产的三彩器是一种享有盛誉的艺术品，主要供贵族赏玩，也被用于陪葬。

商业繁荣下的建造业、造纸业也突飞猛进。这让群内保守派惊掉了下巴，万万想不到唐后期的社会环境还有继续发展的产业。

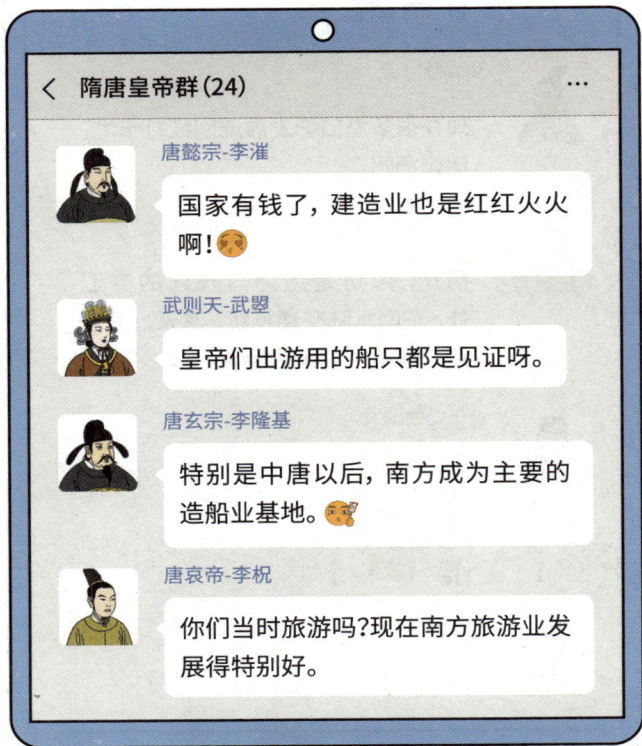

< **隋唐皇帝群(24)**　　　　　···

唐懿宗-李漼
> 国家有钱了，建造业也是红红火火啊!🤭

武则天-武曌
> 皇帝们出游用的船只都是见证呀。

唐玄宗-李隆基
> 特别是中唐以后，南方成为主要的造船业基地。🤑

唐哀帝-李柷
> 你们当时旅游吗?现在南方旅游业发展得特别好。

< 隋唐皇帝群(24) · · ·

唐哀帝-李柷

唐高祖-李渊

当时不怎么出去，没看过"江南风景"的秀丽。😊

唐哀帝-李柷

现在很多港口都发展成网红打卡地，比如扬州。

唐太宗-李世民

扬州，那可是运河与长江的交汇处，东南水陆交通枢纽，漕米、海盐、茶叶等货物的集散地啊。👍👍

唐太宗-李世民

唐哀帝-李柷

益州也不错的。😋

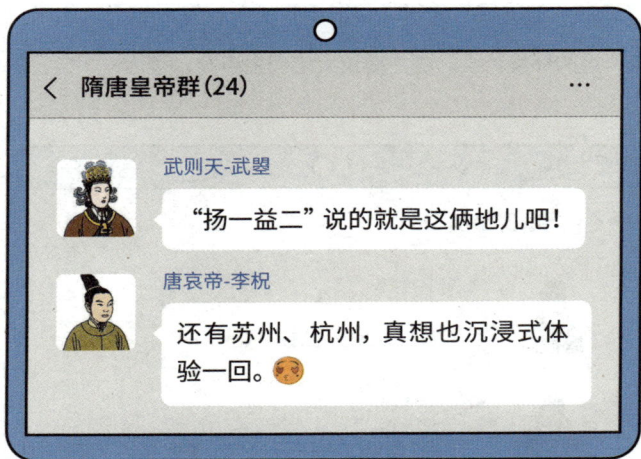

隋唐皇帝群(24)

武则天-武曌
"扬一益二"说的就是这俩地儿吧！

唐哀帝-李柷
还有苏州、杭州，真想也沉浸式体验一回。🌝

划重点

　　唐代著名改革家、经济学家刘晏曾在扬子县（今江苏仪征县）建置十个造船场，制造载重千石的大船，以供内河运输。唐德宗时，荆南节度使李皋发明了脚踏轮船。唐代的远洋运输海船驰名世界，其大者长二十余丈，载客达六七百人，很多外国商人都愿意乘中国船从事远洋贸易。

　　扬一益二：这是唐朝对扬州和益州（今四川成都）经济繁荣的赞颂。扬州地处长江与大运河交汇处，水路交通发达，成为南北贸易的枢纽。益州则因地处四川盆地，农业发达，物产丰富，商贸兴旺。两城均为当时的经济中心，扬州更因盐业、漕运等而冠绝一时，益州则以其独特的地理优势和文化底蕴紧随其后。这一赞誉不仅体现了这两座城市的经济实力，也真实见证了唐朝的繁荣与开放。

现在旅游业的发展势头很猛，很多自然乡村景区被开发出来，但同时也面临着严重的环境污染。群主提议大佬们捐点款，整治一下自己的家园。

> **隋唐皇帝群(24)**
>
> **隋炀帝-杨广**
> 我捐10000五铢钱。
>
> **唐高祖-李渊**
> 我捐1000000开元通宝。
>
> **唐武宗-李炎**
> 我捐80000会昌开元吧！
>
> **隋恭帝-杨侑**
> 你们咋都这么有钱？
>
> **隋恭帝-杨侑**
> 羡慕的眼神
>
> **唐玄宗-李隆基**
> 唐朝人不差钱！哈哈！
>
> **唐宪宗-李纯**
> 商业一发达，银两满天飞。

隋唐皇帝群(24)

唐哀帝-李柷
只是可怜了来往商人，要背那么多银两去交易？

唐玄宗-李隆基

唐玄宗-李隆基
没见识了吧？

唐哀帝-李柷

唐玄宗-李隆基
飞钱，听说过吗？

隋文帝-杨坚
让钱飞？

唐玄宗-李隆基
这个比喻很好，意思差不多吧！

隋唐皇帝群（24）

隋恭帝-杨侑
纸币满天飞？

隋恭帝-杨侑

隋炀帝-杨广
可是那个时代，纸应该很贵呀，还能印成钞票？

唐玄宗-李隆基
我们发展了东汉蔡伦的造纸术，这个时候平民都能用得起纸了。更何况富商！

唐玄宗-李隆基

唐哀帝-李柷
怪不得您能铸就"开元盛世"，点子真多。👍👍

隋唐皇帝群（24）

唐玄宗-李隆基
当时南方的造纸业非常发达。🙏

唐玄宗-李隆基

武则天-武曌
杜甫的那首《忆昔》就反映了开元时期物资充裕、治安有序、国泰民安的景象。

武则天-武曌

唐武宗-李炎
娘娘，您这是考证实锤啊！

唐太宗-李世民
媚娘一直都很博学多智！😸

划重点

五铢钱：中国古代的一种铜钱，因钱上有"五铢"二个篆字，故名五铢钱。五铢钱最初铸于汉武帝时期，并沿用至隋朝。

开元通宝：唐高祖武德四年（621年），李渊废除五铢钱，开始铸造"开元通宝"，并由书法家欧阳询题写钱文。"开元通宝"并非年号钱，"开元"典出汉代班固的《东都赋》，意为开辟新纪元，"通宝"即通行的货币。从此以"通宝""元宝"为名的钱币一直沿用到民国初期，流通了一千三百年左右。

会昌开元：初唐的开元钱都是背面无文字的，会昌五年（845年），唐武宗李炎下令毁佛像、法器用以铸钱，并于钱背铸名纪地，有昌、京等二十二种，这种背面有文字的开元钱被称作"会昌开元"。

《忆昔》：唐代诗人杜甫所作，通过回忆开元盛世时期的繁荣景象，表达了诗人对那个时代的怀念和对现实社会的感慨。原诗前半部分为：

忆昔开元全盛日，小邑犹藏万家室。

稻米流脂粟米白，公私仓廪俱丰实。

九州道路无豺虎，远行不劳吉日出。

齐纨鲁缟车班班，男耕女桑不相失。

宫中圣人奏云门，天下朋友皆胶漆。

百馀年间未灾变，叔孙礼乐萧何律。

东汉蔡伦的造纸术在唐代有了更大的发展。官府设置了许多造纸作坊，麻纸产量相当可观，成为主要用纸。同时，藤纸质地优良，成为官员文书的主要用纸。中晚唐时期，南方开始用竹造纸，虽然竹纤维硬而易断，技术处理较难，但竹纸的出现说明唐代造纸技术已有很大进步。此外，唐代造纸中加矾、加胶和染色等技术也有提高，纸的品种繁多，出现了全国闻名的"玉版宣"、十色笺、五色金花绫纸和薛涛深红小彩笺等，还出现了各种以花鸟禽兽等为图案的水纹纸。这些不同种类的纸张具有极高的艺术价值，也反映了唐代文化和技术的进步。

飞钱：又称"便换"或者"便钱"，是唐朝时期的汇兑券。商人将钱交给官方或富商，取得凭证，异地凭此证明取款，极大便利了商业贸易。飞钱的出现与当时商业贸易的发达和钱币运输的不便密切相关，促进了商品流通和区域经济发展，提高了商人地位，同时也为金融体系带来了新变革。飞钱虽然不是真正意义上流通的纸币，但是在中国经济史上具有重要地位。

隋唐时期经济发展达到了一个新的高峰，奠定了中国古代经济社会的繁荣基础。均田制的推行使得农田面积增加，粮仓储备丰盈；纺织、陶瓷、矿冶等行业均取得显著进步；商品经济的繁荣使长安、洛阳等城市成为国际性大都市。

五
治国妙招大比拼

李枨本以为群主是个闲职，没想到当今社会"躺平"不好使了。这不出版社要出版一本《管理者文萃》，让各朝代的统治者总结治国理政的小妙招。隋唐卷的整理就落在了李枨的肩上，这可怎么办呢？

隋唐皇帝群(24)

唐哀帝-李柷

@唐高祖-李渊 老祖宗，您可得在群里帮我撑腰，要不我怎么动员啊？

唐高祖-李渊

你有什么想法?说来听听。

唐高祖-李渊

唐哀帝-李柷

在群里接龙咋样?只是需要您先帮我摇人。

唐高祖-李渊

必须支持你工作。

唐哀帝-李柷

隋唐皇帝群(24)

唐高祖-李渊

@ 隋文帝 - 杨坚 我看好你！😊

隋文帝-杨坚

来啦来啦。

隋文帝-杨坚

接龙
隋唐统治者治国妙招
1. 隋文帝 - 杨坚　三省六部制

参与接龙

隋炀帝-杨广

接龙
隋唐统治者治国妙招
1. 隋文帝 - 杨坚　三省六部制
2. 隋炀帝 - 杨广　大索貌阅、输籍法

参与接龙

隋恭帝-杨侑

要这么个接法的话，咱老杨家就只能接您二位。😶

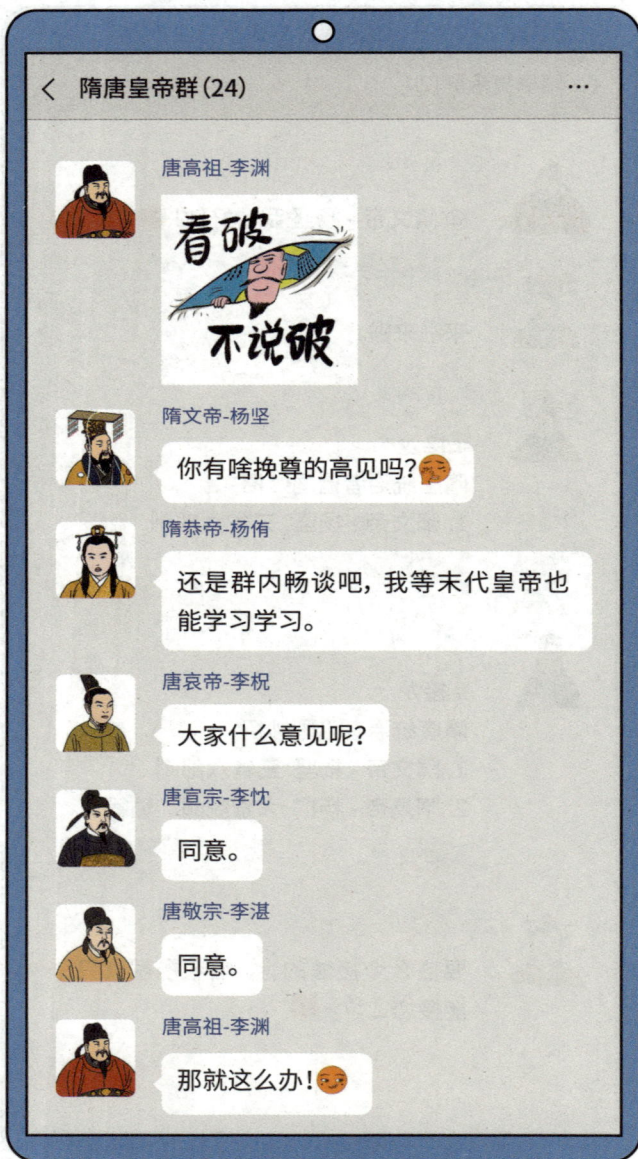

< 隋唐皇帝群(24) · · ·

唐高祖-李渊

看破 不说破

隋文帝-杨坚
你有啥挽尊的高见吗?

隋恭帝-杨侑
还是群内畅谈吧，我等末代皇帝也能学习学习。

唐哀帝-李柷
大家什么意见呢?

唐宣宗-李忱
同意。

唐敬宗-李湛
同意。

唐高祖-李渊
那就这么办!

划 重 点

　　三省六部制：确立于隋朝，完善于唐朝，此后经历代修缮，一直沿用至清末的一套组织严密的中央官制。三省六部主要掌管中央政令和政策的制定和执行。三省主要指中书省、门下省、尚书省，六部主要指吏部、户部、礼部、兵部、刑部、工部。

　　大索貌阅：隋政府为清查人口、增加政府控制力而实行的一种户籍制度。通过严格审查户籍，政府能够更准确地掌握人口数量，进而优化税收和兵役分配。

　　输籍法：隋政府为减轻百姓负担、增加国家财政收入而推行的一种税收制度。它规定百姓可按资产定税，此举有效防止了地方官吏和豪强地主的盘剥，使百姓负担得以减轻。

　　隋恭帝杨侑的建议得到群内成员的理解和支持。只是这下可难坏了李枞，畅谈也得有个主题吧，该怎么选呢？

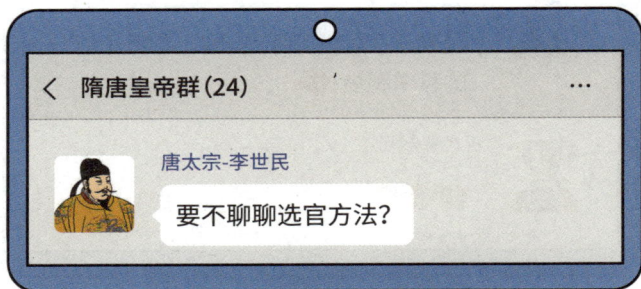

> 隋唐皇帝群(24)　　　···
>
> 唐太宗-李世民
> 要不聊聊选官方法？

隋唐皇帝群(24)

唐高宗-李治

增加税收的办法也可以展开说说，毕竟社会运转全靠税收支撑。🍙

唐玄宗-李隆基

我建议探讨一下藩镇处理方法，这对后世处理分裂局面有一定的借鉴意义。🐀

唐哀帝-李柷

根据大家的讨论，我初步拟定了四个议题。咱们一个个来，先从选官方法开始。

唐哀帝-李柷

隋恭帝-杨侑

说到这里，就又不得不提我朝开创的科举制啦！😤

隋文帝-杨坚

🍙🍙🍙

隋唐皇帝群(24)

隋恭帝-杨侑

又会儿腰

武则天-武曌

到我这届又创新了，我开创了自举、试官、殿试、武举。

武则天-武曌

又会儿腰

唐哀帝-李柷

您还让高宗重修《氏族志》，并更名为《姓氏录》呢。👍👍

武则天-武曌

没办法，《氏族志》严重限制了选官条件，我得扩大群众影响力！

唐高宗-李治

🌹🌹🌹

< 　　隋唐皇帝群(24)　　　　···

武则天-武曌

唐太宗-李世民

从群众中来，到群众中去嘛！没有群众的支持，江山不稳哪！

唐武宗-李炎

唐昭宗-李晔

太宗招贤纳士的智慧无人能及！

唐昭宗-李晔

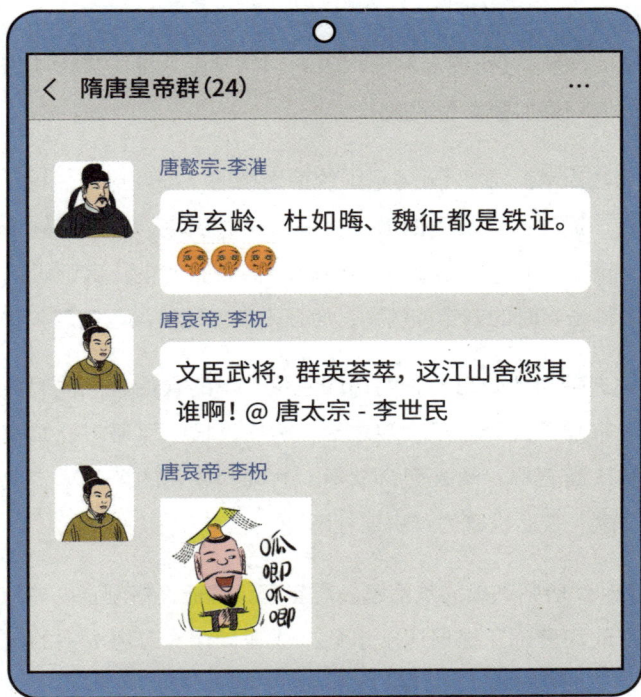

唐懿宗-李漼
房玄龄、杜如晦、魏征都是铁证。

唐哀帝-李柷
文臣武将，群英荟萃，这江山舍您其谁啊！@唐太宗-李世民

唐哀帝-李柷

划重点

　　武则天创新选官制度，推行科举考试的改革，增设殿试和武举，不拘一格地选拔人才。这一改革打破了世家大族对入仕的垄断，更多有才能的人得以施展抱负，为唐朝的繁荣稳定奠定了重要基础。

　　《氏族志》：唐朝初期修订的一部记录氏族门第高下的书籍。它体现了唐朝初期对门阀制度的认可和维护，同时也反映了当时社会政治经济的变化。然而，随着科举制度的推行和武则天对选官制度的创新，《氏族志》所代表的门阀制度逐渐失去影响力，社会阶层流动更加频繁和活跃。

《姓氏录》：武则天为巩固统治而编的一部姓氏书，旨在贬抑旧士族，提高武氏及后族地位。书中将武氏定为第一等姓氏，其余依官爵高下排序，反映了当时政治格局的变化。武则天这一举措对于打击当时的旧士族势力、加强中央集权统治起到了积极作用。

房玄龄和杜如晦：唐朝初期两位杰出的政治家，他们共同辅佐唐太宗李世民开创了贞观之治。房玄龄擅长谋略，杜如晦则以果断和决断著称。两人配合默契，共同为唐朝的繁荣稳定做出了重要贡献，被后世誉为"房谋杜断"。

魏征：唐朝杰出的政治家、思想家。魏征性格刚直，才识卓越，以直言敢谏著称，提倡居安思危、戒奢以俭，对唐太宗的治国理政产生了深远影响。

选官方法聊完，李柷随之抛出第二个议题：如何处理民族关系？

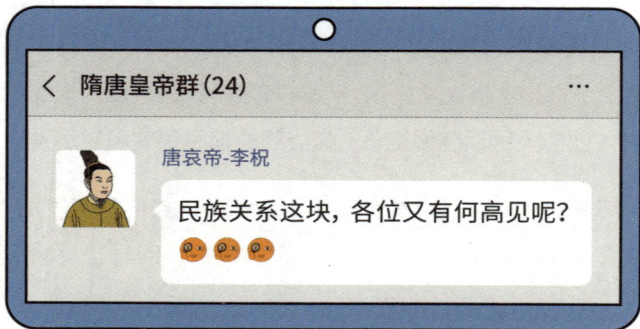

> ⟨ **隋唐皇帝群(24)**　　　　···
>
> 唐哀帝-李柷
>
> **民族关系这块，各位又有何高见呢？**
> 😊😊😊

隋唐皇帝群(24)

唐高祖-李渊
还是隋文帝先来吧。

唐高祖-李渊

感觉身体被掏空

隋文帝-杨坚
我主要是攻打突厥，谈不上什么策略。😓

隋炀帝-杨广
我主打高句丽，也没什么策略。😓

唐高祖-李渊
我采取开放的政策。

唐昭宗-李晔
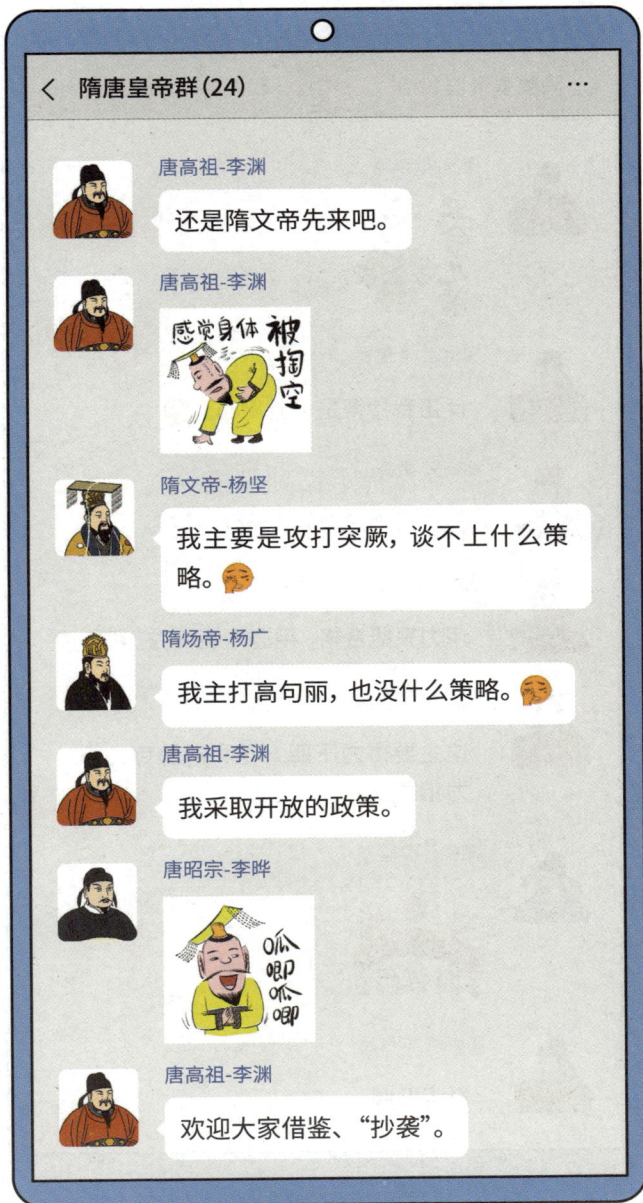

唐高祖-李渊
欢迎大家借鉴、"抄袭"。

< **隋唐皇帝群(24)**　　　　　⋯

唐高祖-李渊

又会儿腰

唐太宗-李世民

反正我抄得是十分用心。

武则天-武曌

怪不得您能成为"天可汗"呢。

唐中宗-李显

用力只能合格，用心才能优秀。

唐太宗-李世民

这主要得力于四方馆和鸿胪寺的鼎力相助。🙏

唐玄宗-李隆基

彩虹屁

唐太宗-李世民

低调低调。

隋唐皇帝群(24)

唐肃宗-李亨

划重点

　　隋朝对突厥的防御战争持续了二十六年的时间，主要集中在北方长城一带、山西与河北一带、宁夏与山西一带。隋朝胜利后，才得以将势力扩展到蒙古高原，同时也保护了中原地区经济与文化。

　　唐高祖李渊确立了较为开明的政策，对周边一视同仁，避免冲突，为唐政权的巩固与建设赢得了时间。唐朝一方面选择对突厥称臣，以求得和平的外部环境；另一方面与高句丽确立了宗藩关系，并采用"以夷制夷"的方法，保持着友好往来。

　　唐太宗李世民在位期间，采纳了魏征"偃武修文"的战略主张，注重以德服人，而非武力征服。在这一政策指导下，朝廷尊重被征服民族的传统习俗和社会结构，允许其部落首领保留一定的自治权，仅要求他们承认唐朝的宗主地位。这一怀柔策略产生了显著效果：各族首领相继遣使长安表示归顺，共同尊奉唐太宗为"天可汗"，形成了以唐朝为中心的东亚国际秩序。

四方馆：隋炀帝时设置的官署名，对东西南北四方游牧民族分设使者四人，掌管往来及互相贸易等事，隶属鸿胪寺。

鸿胪寺：唐中央分管交往事务的专职机构之一，执掌外宾朝会仪节以及周边游牧民族、域外主权国家的交往事务。当时的鸿胪寺官员可直接出使，但到了明清时期，鸿胪寺负责执掌朝会、筵席、祭祀等礼仪。

唐前期皇帝们借着贞观之治的余晖，风光无限好。但唐朝末期，子孙们却把江山丢了。由此可见，治国理政还需认真学习！

隋唐皇帝群 (24)

隋炀帝-杨广
> 治国这块，还得是世民最有发言权，人家可是即位就开创了贞观之治。
> 🍶🍶🍶🍶🍶

唐太宗-李世民
> 过誉了，过誉了！

隋唐皇帝群(24)

隋文帝-杨坚
世民主要是懂战术。

隋文帝-杨坚

隋炀帝-杨广
他最赞的决策还得是派李靖打突厥，那是真过瘾！

隋炀帝-杨广

武则天-武曌
唐太宗是能文能武，不但能打仗，而且会联姻！

唐高宗-李治

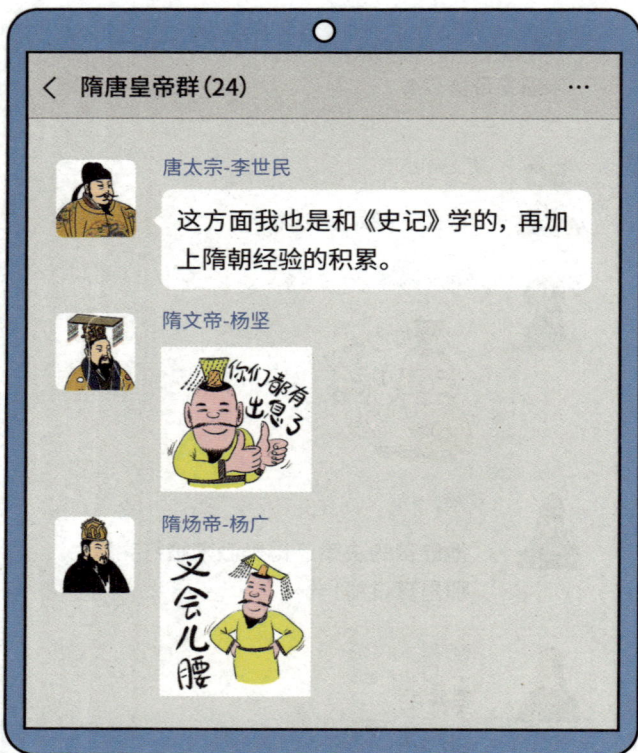

隋唐皇帝群(24)

唐太宗-李世民
这方面我也是和《史记》学的，再加上隋朝经验的积累。

隋文帝-杨坚

隋炀帝-杨广

划重点

　　唐太宗派李靖攻打突厥是唐朝初期与突厥交战的一次重要军事胜利。李靖利用地形和兵力优势，采取灵活的战术，最终成功击败了突厥军队，维护了唐朝的边境安全。李靖的治军作战经验，丰富了中国古代的军事兵法理论。

联姻是隋唐统治者对待游牧民族的一种重要政治手段。隋朝曾以光化公主嫁吐谷浑可汗世伏，又先后以安义公主、义成公主嫁突厥突利可汗，以信义公主嫁突厥易娑那可汗等。唐朝联姻如唐太宗以宗室女文成公主嫁松赞干布，唐中宗把金城公主嫁给吐蕃赞普尺带珠丹。联姻政策不仅有助于巩固朝廷的统治地位，也能促进不同民族间的文化交流与融合。

群内话题不知不觉间从国富民安转向处理藩镇问题，一时间唐后期的皇帝们也想发表言论，群内平和的气氛再次炸锅。

< 隋唐皇帝群(24) ···

唐懿宗-李漼
我是真羡慕唐朝盛世的岁月静好。

隋文帝-杨坚
不过是有人负重前行罢了。

唐昭宗-李晔
我们唐后期这些管理者，可真的是太难了！

唐武宗-李炎
山河破碎风飘絮，不难才怪。

< **隋唐皇帝群(24)**　　　　　　···

唐文宗-李昂

谁曾想，唐朝灭亡竟是内部分裂导致的。

唐高祖-李渊

藩镇割据这个问题，到你们就处理不了了？

唐德宗-李适

我们真的是使出了洪荒之力。

唐德宗-李适

感觉身体被掏空

唐太宗-李世民

你那就是假把式。

唐德宗-李适

我是看着四海升平，才决定裁抑藩镇。

唐玄宗-李隆基

初心虽好，奈何失败了。

隋唐皇帝群(24)

唐德宗-李适
"四镇之乱"着实头疼啊!

唐宪宗-李纯
楼上说得对

唐宪宗-李纯
遏制藩镇势力这事,我真的努力过。

唐穆宗-李恒
可惜后来河朔三镇复叛,割据局面再次出现。

唐懿宗-李漼
可不是嘛!从穆宗到我即位,这天下就没消停过。

唐昭宗-李晔
最终导致五代十国的分裂局面。

唐太宗-李世民
也难为你们乱世之中还在坚守!

< 隋唐皇帝群(24)　　　　···

武则天-武曌

藩镇如此跋扈，国祚依旧维持百余年，也不容易。

武则天-武曌

隋炀帝-杨广

没比我强多少嘛！

隋炀帝-杨广

划 重 点

藩镇割据：唐朝中后期，部分藩镇的将领拥兵自重，在军事、财政、人事方面不完全受中央政府控制。这种现象削弱了中央集权，使得唐朝政府在某些时期无法有效地管理地方事务，为唐朝的衰落和灭亡埋下了隐患。

唐德宗李适在位时，通过改革军事制度、加强中央对地方的控制等方式，有效地限制了藩镇的权力。

建中二年（781年），成德节度使李宝臣去世，唐德宗李适拒绝承认李宝臣之子李惟岳袭职。李惟岳遂与魏博节度使田悦联合淄青节度使李纳、山南东道节度使梁崇义起兵叛变，史称"四镇之乱"。

唐宪宗李纯不仅加强中央禁军的力量，还整顿财政经济，积极扩大税源，以增强中央政府的实力。同时，他还通过改革官员选拔和考核制度，提高州县官的权力，加强对地方官员的考察，以此削弱藩镇对州县的控制。

河朔三镇复叛：在唐朝中央政府试图加强对藩镇的控制时，河朔地区的三个重要藩镇——魏博、成德和卢龙相继发生了叛乱。这些藩镇原本已经表示归顺中央，但随后又因为各种原因重新反叛。这不仅严重破坏了唐朝的统治秩序，也对当时的社会经济造成了巨大的冲击。河朔三镇复叛事件反映出唐朝后期政治局势的动荡不安，以及中央政府对地方的控制力不从心。

五代十国：中国历史上的一段大分裂时期。五代主要是指后唐、后梁、后晋、后周和后汉。十国是前蜀、后蜀、南唐、南吴、吴越、荆南、北汉、闽国、南楚、南汉。

眼看着唐朝末年的几位皇帝将唐朝灭亡的教训归咎于地方势力的膨胀，这种局面的始作俑者李隆基也只好站出来解释一二。

隋唐皇帝群(24)

唐玄宗-李隆基
对不住啊，各位！

隋炀帝-杨广

唐代宗-李豫
您留下的烂摊子，把我们的威信都扫光了。

唐玄宗-李隆基
当初我设置采访使给地方节度使做监察，却不想……

隋文帝-杨坚
他俩二合一了，哈哈！

唐高祖-李渊

隋唐皇帝群(24)

武则天-武曌
隆基啊，要不是你过度宠信安禄山，怎么会二合一？

武则天-武曌

唐中宗-李显
安禄山搞的安史之乱，害人不浅。

唐高宗-李治
你们这些晚唐子孙，除了德宗和宪宗，其他人就不能想想招？

唐高宗-李治

唐敬宗-李湛
要我说，还是宪宗治理得比较彻底。

隋唐皇帝群(24)

唐敬宗-李湛

唐宪宗-李纯
那是，淄青等十二州都被我平定了。

唐敬宗-李湛
厉害了。

唐宪宗-李纯
低调低调。

唐宪宗-李纯

唐武宗-李炎
但你去世后，穆宗就开始销兵，这可是触及底线了。

隋唐皇帝群(24)

唐穆宗-李恒
三镇复叛直接导致藩镇势力复活。

唐懿宗-李漼

唐僖宗-李儇
最后结束藩镇割据的还是藩镇首领朱温。

唐哀帝-李柷
·)) 5"

昨日像那东流水，离我远去不可留。

唐哀帝-李柷

划 重 点

采访使：唐朝初期设立，主要负责检查刑狱和监察州县官吏，后来逐渐演变为考察地方官员政绩的官职。

节度使：起源于唐朝，主要负责军事、防御外敌，后逐渐兼理民政、财政，成为地方上的实际统治者。

安史之乱：唐朝玄宗末年的一场内战，是唐朝将领安禄山与史思明发动，为争夺唐朝统治权而展开的战乱。这场战乱是唐朝由盛转衰的转折点。安史之乱之后，中原人口大量流失，国力锐减，唐朝开始出现藩镇割据的局面。

淄青等十二州的割据势力曾是朝廷的心头大患。唐宪宗李纯为了维护国家统一和中央集权，决定采取军事行动。李愬作为杰出的将领，成功收复了淄青等十二州。这一胜利不仅结束了地方割据的局面，也加强了中央政府对地方的控制力，为大唐的繁荣稳定奠定了基础。

唐穆宗李恒削兵政策的实施，主要是为了解决当时朝廷财政困难的问题。他通过减少军队中士兵的数量来节省开支，同时希望这些被裁掉的士兵能回归农业生产，增加国家的粮食储备。然而，这一政策也在一定程度上削弱了国家的军事力量，为后来的社会动荡埋下了隐患。

朱温夺权是唐朝末年的一次重大历史事件。朱温通过一系列政治和军事手段，逐渐掌握了唐朝的实权。唐天祐四年（907年），朱温逼迫唐哀帝李柷禅位。朱温即梁太祖，正式建立了后梁。后梁的建立，标志着唐朝的正式结束和五代十国时期的开始。

"天下之势不盛则衰，天下之治不进则退。"为了治理江山，隋唐皇帝们如八仙过海般各显神通。尤其是唐朝统治者注意吸取隋朝灭亡的教训，从而推动唐朝成为我国第二个繁荣昌盛的大一统帝国时代。

六

文化充电

武则天发现李显的视频号足迹总是有关文化类的，偶有心得还配文转发朋友圈。在好奇心的驱使下，武则天决定好好了解一番。

隋唐皇帝群（24）

武则天-武曌
@唐中宗-李显 儿子忙什么呢？恋爱了？

唐中宗-李显
母后，我最近正在收集资料，筹备旅游文化节。

武则天-武曌
[表情：简直不敢相信]

唐高宗-李治
少年辛苦终身事，莫向光阴惰寸功。那你都学到了什么呢？

唐中宗-李显
刚读完初唐四杰的诗作，感觉不如李白的诗飘逸潇洒。

唐懿宗-李漼
我也喜欢李白的诗，通俗易懂，朗朗上口。

< 隋唐皇帝群(24)   ···

唐懿宗-李漼

唐武宗-李炎

是啊，每次读完，都斗志满满。

隋文帝-杨坚

我们隋朝也有很多文化典籍。

隋炀帝-杨广

隋恭帝-杨侑

比如《春江花月夜》《夏日临江》……

隋炀帝-杨广

世人只知唐诗《春江花月夜》，早已忘了我的存在。

隋恭帝-杨侑

呃，这……

初唐四杰指的是王勃、杨炯、卢照邻和骆宾王。

王勃的诗多为五言绝句和五言律诗，以离别怀乡为主题的作品较为著名，代表作有《送杜少府之任蜀州》《滕王阁序》等。"海内存知己，天涯若比邻""落霞与孤鹜齐飞，秋水共长天一色"等佳句流传至今。

杨炯比较擅长五言律诗，代表性作品有《从军行》《出塞》《紫骝马》等。"匈奴今未灭，画地取封侯""宁为百夫长，胜作一书生"等是杨炯作品中的名句。

卢照邻的现存诗作中，以风疾为界可以明显地分为两个时期。前期作品壮志凌云，才华横溢；后期作品呈现悲凉、凄苦底色。

后人常用卢照邻诗句中"寸步千里，咫尺山河"来比喻进步艰难，用"得成比目何辞死，愿作鸳鸯不羡仙"来描述美好的爱情。

骆宾王的代表作《讨武曌檄》极富号召力，其中"请看今日之域中，竟是谁家之天下"这句尤为后人所传诵。另一作品《咏鹅》更是家喻户晓、人人诵读的名篇。

李白，字太白，号青莲居士，被誉为"诗仙"，与杜甫并称"李杜"，著有《李太白集》，代表作有《行路难》《望庐山瀑布》《将进酒》等。"大鹏一日同风起，扶摇直上九万里""孤帆远影碧空尽，唯见长江天际流"等诗句流传千古。

隋炀帝杨广的文学作品融合了南北诗风，尤其擅长写边塞诗，这为唐代文学的繁荣发展奠定了基础。现有存世的名篇如《春江花月夜》《夏日临江》等。

《春江花月夜》诗题原为陈后主陈叔宝所创，但原词早已失传。隋炀帝杨广曾以此题作曲，其中有很多佳句。在杨广的版本基础上，才有了唐朝张若虚的同题诗《春江花月夜》。

《夏日临江》是隋炀帝杨广创作的一首五言律诗。诗的前三联描写夏日滨江的秀丽和宁静，尾联则抒发了作者内心惆怅的情绪。

夏潭荫修竹，高岸坐长枫。

日落沧江静，云散远山空。

鹭飞林外白，莲开水上红。

逍遥有余兴，怅望情不终。

看到唐中宗李显学习的劲头十足，唐玄宗李隆基也不能落下风。他已经听了不少名人大家的课，打算再充实一下自己的精神世界。

> **< 隋唐皇帝群(24)** ⋯
>
> **唐玄宗-李隆基**
> 网上科普咱隋唐文化的短视频可多啦。😌
>
> **隋恭帝-杨侑**
> 是啊，现在提倡素质教育，书法和画画都快成为孩子们的必修课了。
>
> **唐哀帝-李柷**
> [彩虹屁]
>
> **唐高祖-李渊**
> 我也天天看，最火的就是颜真卿和吴道子啦。
>
> **唐太宗-李世民**
> 喜欢欧阳询和阎立本的也不少！🍼🍼
>
> **武则天-武曌**
> 呱唧呱唧！

隋唐皇帝群(24)

唐高宗-李治

唐顺宗-李诵

@唐宪宗 - 李纯 你也要多读书，别整天鼓捣长生不老的小药丸。

武则天-武曌

丢人不说，还费钱。没文化多可怕！

唐宪宗-李纯

·)) 9"

你永远不懂我伤悲，像白天不懂夜的黑……

唐顺宗-李诵

颜真卿：唐代杰出的书法家，以"颜体"楷书闻名于世，其正楷端庄雄伟，代表作是《颜勤礼碑》《颜氏家庙碑》，与欧阳询、柳公权、赵孟頫并列为"楷书四大家"。颜真卿的行书气势遒劲，代表作《祭侄文稿》与东晋王羲之的《兰亭序》、北宋苏轼的《黄州寒食帖》并称为"天下三大行书"。

吴道子：唐朝著名的画家，尤精于佛道神鬼题材，被后世尊称为"画圣"。他在绘画艺术上勇于创新，开创了"兰叶描"等新的绘画技法。主要作品有《送子天王图》《孔子行教像》等。

欧阳询：唐代著名书法家，书法理论的集大成者，与虞世南、褚遂良、薛稷并称"初唐四大家"，与欧阳通合称"大小欧"，书法号为"欧体"。代表作有《皇甫诞碑》《化度寺碑》《行书千字文》。

阎立本：唐代著名画家和政治家，尤其以人物肖像画著称。代表作《步辇图》是中国十大传世名画之一。图中所绘是吐蕃使者禄东赞朝见唐太宗时见到的长安场景。此外，《凌烟阁功臣二十四人图》《秦府十八学士图》等作品极具表现力，被时人列为"神品"。

唐朝有多位皇帝追求长生不老，其中最为痴迷的是唐太宗李世民、唐宪宗李纯、唐穆宗李恒。他们或受前朝皇帝影响，或受身边方士蛊惑，都渴望通过服用丹药、修炼道法等方式达到长生不老的目的。然而，这些追求长生不老的尝试往往以失败告终，甚至导致皇帝们的身体受损，最终早逝。

唐宪宗李纯虽位列唐朝后期，但在学习这方面竟有点后来者居上的苗头。

隋唐皇帝群(24)

唐高祖-李渊
你们这些后世子孙也不学习深造一下呢？😜

唐德宗-李适
我们也在努力，佼佼者要属宪宗。

唐高宗-李治

唐顺宗-李诵
他正学习医学文化呢。🙂

隋文帝-杨坚
@唐宪宗-李纯 你是怎么想起研究这块的？

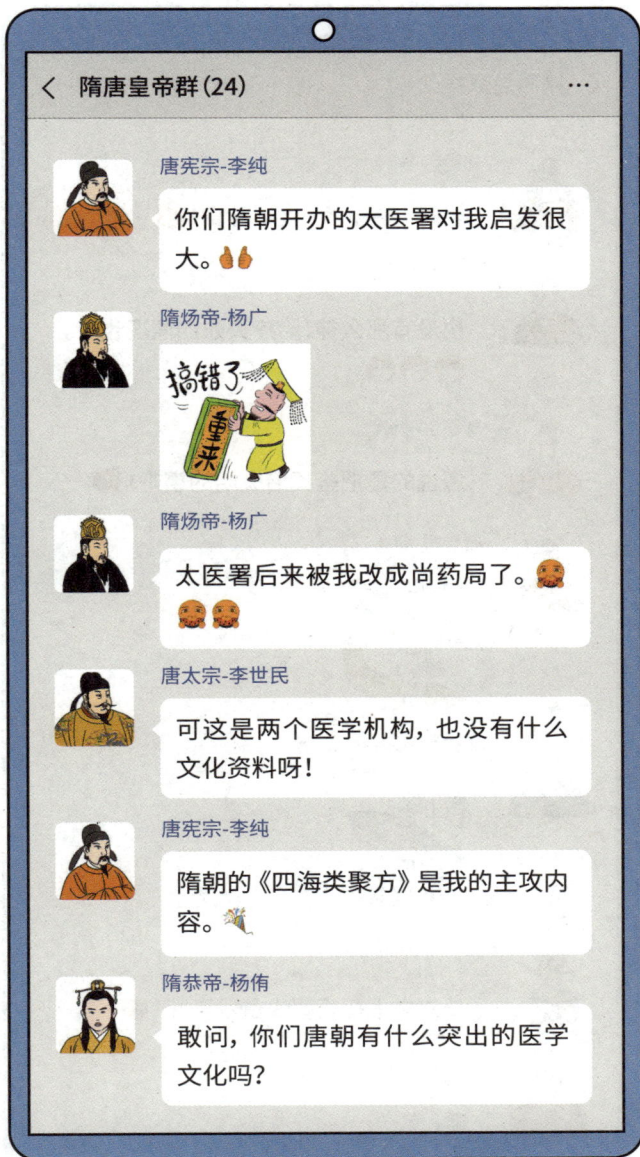

< 隋唐皇帝群(24) ⋯

唐宪宗-李纯

当时"金箆术"就很神奇！😍

唐顺宗-李诵

也没有那么神！治疗失败的情况也有。😷😷😷

唐德宗-李适

您说的是把鉴真治失明的事吧！🤐

唐顺宗-李诵

唐代宗-李豫

唐肃宗-李亨

长生之术在唐朝也备受青睐！😮

唐太宗-李世民

呃，这……

隋唐皇帝群(24)

武则天-武曌
简直不敢相信

唐睿宗-李旦
就连太宗皇帝都信。

唐太宗-李世民
怪我咯

划 重 点

太医署：我国古代医疗和医学教育的雏形，是专门的医学教育机构，以传授医学为目的。始建于南北朝时期，隋唐臻于完备。隋朝的太医署初具规模，其作为医学校的初级阶段，为唐朝的医学教育奠定了基础。唐承隋制，在长安建立太医署，此时的太医署兼具医学教育和医疗的职能，组织严密，规模宏大。

金篦术：金篦是古代治疗眼部疾病的工具，形状类似箭头，用来刮眼膜。金篦术又称金针拨障术，是我国古代医学家对白内障施行的一项手术。这一技术从印度传到大唐，后来在印度失传了，却在唐朝得以复活。唐朝诗人杜甫就曾写过诗句"金篦刮眼膜，价重百车渠"。

鉴真东渡之前已经患有严重的眼疾。有一天，他遇到一位天竺医师，这位医师说有办法让他眼睛康复。鉴真怀揣希望，接受他的治疗。但手术失败了，鉴真的眼睛也因此失明。这一打击虽然沉重，却未能动摇鉴真东渡传法的决心。

隋唐皇帝大多都通过纸媒学习充电，思维敏捷的李隆基注意到网络文化传播的光明前景，于是投身于直播间，真有干事业的头脑啊！

隋唐皇帝群(24)

唐武宗-李炎

主播是？

唐高宗-李治

网红主播李隆基。🍊

武则天-武曌

我要狂点小红心……

唐中宗-李显

看公告说《霓裳羽衣曲》是压轴戏。🙈🙈🙈

唐中宗-李显

唐玄宗-李隆基

唐代宗-李豫

开场曲《秦王破阵乐》也很精彩。

隋唐皇帝群(24)

隋文帝-杨坚
你们这些音乐成就也是历经我大隋的量变积累才有的。

隋炀帝-杨广
确实是我爸爸提高了音乐教育的地位，他还设立了"太常寺"。

隋炀帝-杨广
彩虹屁

唐僖宗-李儇
好像当时雅乐、胡乐就很有名了。

隋恭帝-杨侑
那是自然！

唐宣宗-李忱
快看，公告里说还有李龟年的独唱！

隋唐皇帝群(24)

唐敬宗-李湛
他可是唐代乐圣。

唐顺宗-李诵
（表情图）

唐穆宗-李恒
李家人才真多呀！🍊

划 重 点

　　《霓裳羽衣曲》：中国唐代宫廷乐舞。关于此曲的来历，有说是唐玄宗向往神仙而去月宫见到仙女后有感而作，有说是西凉节度使杨敬述敬献给唐玄宗的。《霓裳羽衣曲》的曲谱自安史之乱后便已失传。后来，南唐后主李煜将其大部分补齐。但因金陵城破，李煜又下令将其烧毁。

　　《秦王破阵乐》：最初是唐初的军歌。武德三年（620年），秦王李世民打败了叛军刘武周，将士们遂以新词填入旧曲，为李世民的功绩唱赞歌。因为这首乐曲融合了一些龟兹音乐的音调，所以唱起来婉转而动听，高昂且富有号召力，在当时极负盛名。

太常寺：封建社会掌管礼乐的最高行政机关，负责宗庙礼仪、祭祀享宴等事务，以确保宫廷礼仪的规范和音乐的演奏。

雅乐：古代帝王祭祀、朝贺等大典所用的正乐，歌词典雅纯正，音乐中正和平，体现了古代音乐的庄严与肃穆。

胡乐：泛指游牧民族及域外的音乐歌舞，节奏明快，旋律宽广，在隋唐时期传入中土，为宫廷燕乐所吸收，丰富了当时的音乐文化。

李龟年：被誉为"唐代乐圣"，他精通音律，擅长多种演奏技巧。青年时期他曾任县丞，后被皇家宫廷乐队选中，成为领军人物，创作的《渭川曲》深受唐玄宗喜爱。

唐玄宗播着播着，突然就老泪纵横，往事浮现，天人永隔……好好的音乐会直播秒变聊天互动。

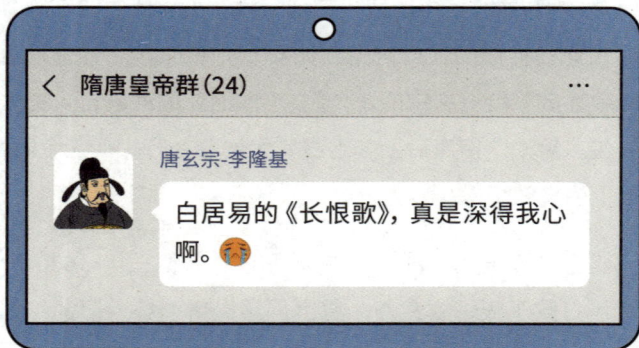

隋唐皇帝群 (24)

唐玄宗-李隆基

白居易的《长恨歌》，真是深得我心啊。

＜ 隋唐皇帝群(24) ⋯

唐僖宗-李儇
你这是思念杨贵妃了吧！

唐僖宗-李儇

唐玄宗-李隆基
还是你懂我！😊

唐高宗-李治
谁心里没有个白月光！

武则天-武曌

唐玄宗-李隆基
贵妃的舞姿宛如仙女降临尘世，她的纤腰轻轻摆动，步履翩翩如仙子飘然。

隋唐皇帝群(24)

武则天-武曌
奈何成了政治的牺牲品！

唐武宗-李炎
一骑红尘妃子笑，无人知是荔枝来。何等荣宠！

唐文宗-李昂
只是玄宗发妻王皇后恐怕会在地下流泪羡慕吧！

唐文宗-李昂

唐敬宗-李湛
女子的一生，世事无常啊！

武则天-武曌
有没有杨贵妃的美容秘籍，肤白貌美太重要了。

唐宣宗-李忱
您不妨看看孙思邈的《千金方》。

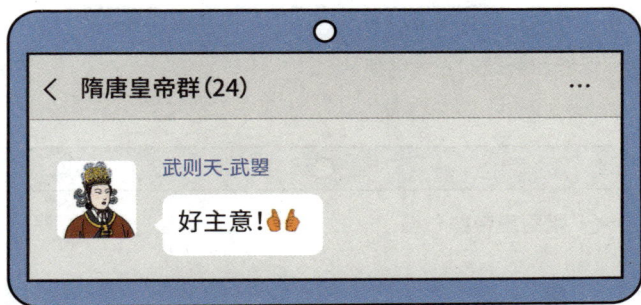

隋唐皇帝群(24)

< 隋唐皇帝群(24)   ...

武则天-武曌

好主意!👍👍

划 重 点

　　白居易的《长恨歌》描写了杨玉环正值青春年华，貌美无双的体貌姿态。其中流传度较高的诗句是："杨家有女初长成，养在深闺人未识。天生丽质难自弃，一朝选在君王侧。回眸一笑百媚生，六宫粉黛无颜色。"虽然两人情比金坚，但唐玄宗还是在马嵬坡下令处死杨贵妃，两人的爱情终以悲剧收场。

　　王皇后是唐玄宗的原配皇后，她的先祖是梁朝冀州刺史王神念，当唐玄宗还是临淄王的时候便聘了王氏为妃。在讨伐韦后时，王氏助李隆基成就大业。唐睿宗李旦去世后，太子李隆基即位，王氏因此被立为皇后。王氏与唐玄宗之间的感情始于危难，本来皇后之位应当十分稳固，但是一直无子，因此地位受损。哥哥为巩固王皇后地位，私刻带有唐玄宗生辰八字的符，此举触怒唐玄宗，王皇后被废。

　　《千金方》：又称《备急千金要方》，药王孙思邈所著，是中国古代中医学的经典之作，被誉为中国最早的临床百科全书。

唐玄宗下播后，高祖皇帝好奇地询问他有没有考虑到国外取材，这可是众多直播间话题和背景的一大创新。

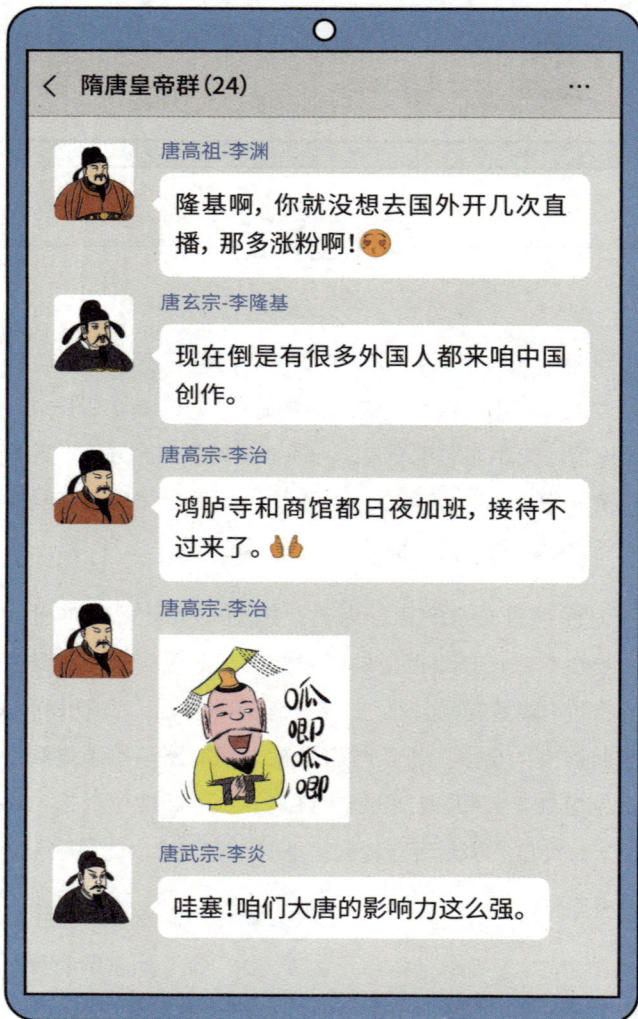

隋唐皇帝群(24)

唐高祖-李渊
隆基啊，你就没想去国外开几次直播，那多涨粉啊！😌

唐玄宗-李隆基
现在倒是有很多外国人都来咱中国创作。

唐高宗-李治
鸿胪寺和商馆都日夜加班，接待不过来了。👍👍

唐高宗-李治
[表情]

唐武宗-李炎
哇塞！咱们大唐的影响力这么强。

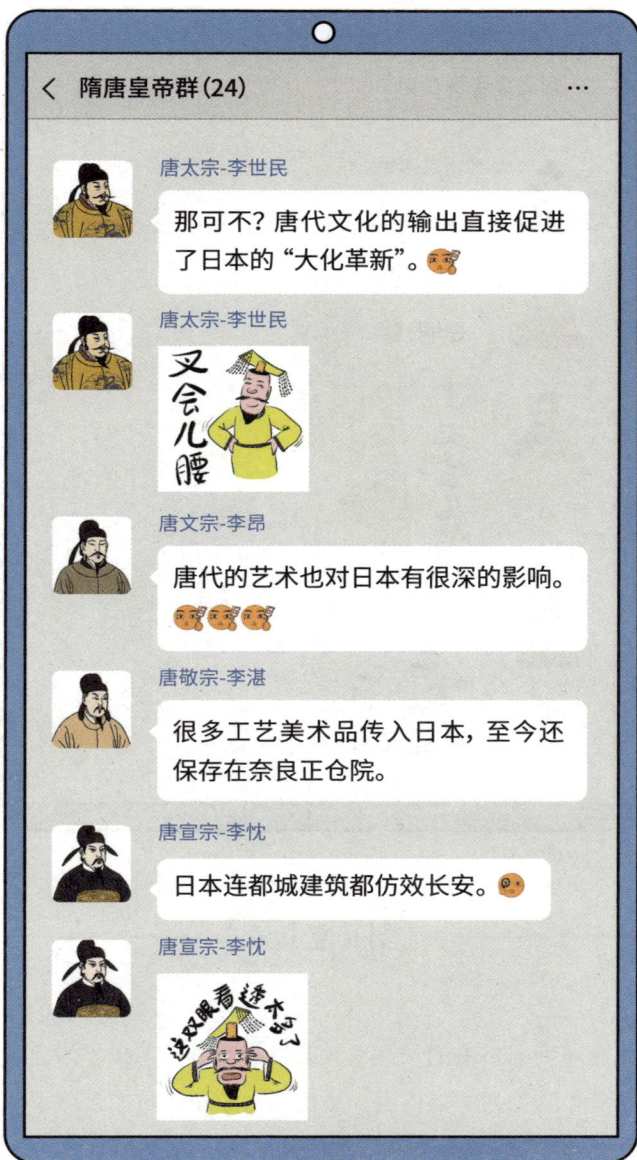

隋唐皇帝群(24)

唐太宗-李世民
那可不？唐代文化的输出直接促进了日本的"大化革新"。

唐太宗-李世民

唐文宗-李昂
唐代的艺术也对日本有很深的影响。

唐敬宗-李湛
很多工艺美术品传入日本，至今还保存在奈良正仓院。

唐宣宗-李忱
日本连都城建筑都仿效长安。

唐宣宗-李忱

划重点

　　大化革新：日本的一次重大政治变革，变革以学习唐朝的政治、经济和文化为主要内容。通过这次改革，日本废除了大贵族垄断政权的体制，使日本从奴隶社会过渡到封建社会。

奈良正仓院：始建于8世纪后半叶，地处日本奈良市东大寺大佛殿西北面，1998年成为世界文化遗产"古奈良的历史遗迹"的一部分。这里收藏了大量服饰、家具、乐器、玩具、兵器等各式珍品，其中一半以上来自中国、朝鲜等国。

隋唐文化不仅兼容本朝各族文化之精髓，而且与国际文化接轨，扬长避短，打造了一批文化人，创造了上百年的文化狂欢景象。

七

隋炀帝请客

隋炀帝虽然铺张浪费，但人情世故这块那是滴水不漏。进群这么久，他是第一个提出要找个席面聚一聚的，而且非常豪横地承诺，大家随便点，他买单。

隋唐皇帝群(24)

隋炀帝-杨广
最近组会太多了，咱们是不是该改善一下伙食，补充补充脑力了？🥕

唐玄宗-李隆基
千秋节快到了，这大事小事一堆，我脱不开身哪。🫥

唐玄宗-李隆基
[宝宝心里苦]

隋炀帝-杨广
就吃顿饭的时间嘛，耽误不了多久。😊😊😊

唐哀帝-李柷
我们大唐的先祖都日理万机，要不派我这个末代皇帝代表？

隋炀帝-杨广
我是真想请你喝烧酒，但你这年龄只能喝果浆。😶

隋唐皇帝群(24)

隋炀帝-杨广

唐哀帝-李柷

看不起我!

隋炀帝-杨广

带你带你,提前准备点葡萄酒。

武则天-武曌

都有啥菜系呢?

隋炀帝-杨广

@ 隋恭帝 - 杨侑

隋炀帝-杨广

隋恭帝-杨侑

长安菜、西域菜、江南菜,应有尽有。

隋唐皇帝群(24)

唐高宗-李治
我喜欢吃长安菜。有蒸饼、汤饼。

唐中宗-李显
长安菜从小吃到大，都吃腻了。江南菜多好吃啊。

唐武宗-李炎
西域菜也不错，哈哈。

隋炀帝-杨广
众口难调，这饭店怎么定？

隋炀帝-杨广

我哪敢说话呀

隋文帝-杨坚
要不吃自助吧！东市和西市都有，种类多样，口味还多。

唐高宗-李治
这主意好。

唐太宗-李世民

划重点

　　千秋节：唐玄宗开创了将皇帝生辰设为全国性节日的先例，这一制度被后世王朝延续，但称谓有所变更。宋代多称"长春节"或"天宁节"，至明代则正式定名为"万寿节"。值得注意的是，清代"千秋节"是特指皇后及嫔妃的寿辰节日。

　　唐朝的酒主要分为米酒和果酒，其中米酒又分浊酒和清酒。唐朝的果酒以葡萄酒最为出众。酒的制作工艺简单，且需求量大，朝廷不可能独自垄断，故唐朝酒的来源途径分为三种：一种是官方途径，一种是民营，一种是家庭自酿。官方途径由良酝署负责，它受光禄寺管辖，一般用于宫内饮用、祭祀、接见使者等国事。

　　唐朝的菜系主要有三种。一是长安菜系，以面食为主，注重香辣味，善用胡地食材和调料，有胡饼、馄饨、古楼子等特色菜。二是江南菜系，以米饭为主，注重清淡甘甜，善用水产和果品，有雕胡饭（用菰米做的饭）、冷淘（凉面）等特色菜。三是西域菜系，以面食为主，注重浓郁香气，善用牛羊肉和乳制品，有馕（胡饼）、羊肉串（烤肉）、奶茶（乳茶）等特色食品。

东市和西市是唐朝长安城内的两大市场，热闹非凡。东市以奢侈品和外来商品为主，西市则更侧重于日常生活用品。两市均设有官方管理机构，保障市场秩序和公平交易。东市和西市的繁荣，不仅促进了唐朝的商业发展，也体现了当时社会的开放与包容。

说罢，大家就纷纷来到长安东市、西市的十字路口，随从们搭好桌，隋唐皇帝们的自助餐随即开始。

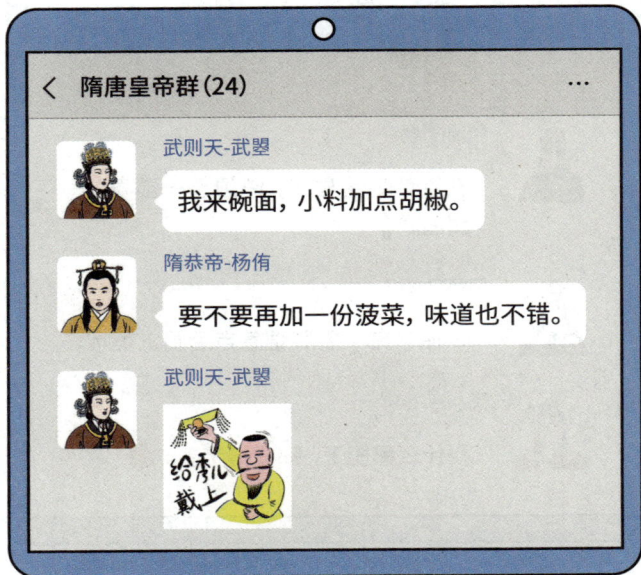

> **〈 隋唐皇帝群(24)** ···
>
> **武则天-武曌**
> 我来碗面，小料加点胡椒。
>
> **隋恭帝-杨侑**
> 要不要再加一份菠菜，味道也不错。
>
> **武则天-武曌**
> [给秀儿戴上]

< 隋唐皇帝群(24)   ···

唐玄宗-李隆基

那我来份春盘。

隋恭帝-杨侑

春盘是什么？🫠

唐哀帝-李柷

唐朝才有的，你不知道也不奇怪。😏😏😏

隋恭帝-杨侑

隋炀帝-杨广

气氛都到这里了，必须整一壶黄桂稠酒。🍶

隋炀帝-杨广

@隋恭帝-杨侑 催着点后厨上菜哦。

隋恭帝-杨侑

我什么都能干，都成博士了。🫠

隋唐皇帝群(24)

唐太宗-李世民
[贴图: 楼上说得对]

唐敬宗-李湛
点些茶水吧, 紫笋茶、阳羡茶和蒙顶茶怎么样?

唐哀帝-李柷
还是您会养生!👍👍

唐哀帝-李柷
[贴图: 敲木鱼]

划 重 点

　　胡椒: 常用的调味品之一, 原产于东南亚。唐朝所用的胡椒, 都是从印度进口。

菠菜：原产地在伊朗和尼泊尔。贞观二十年（646年），菠菜作为尼泊尔贡品传入唐朝。

春盘：唐时立春之日的特色食品，以韭菜、春饼等新鲜食材为主，寓意迎接新春，祈愿新的一年生活美满、吉祥如意。春盘的制作精细，色彩和口感都十分丰富，深受人们喜爱。

黄桂稠酒：唐朝时期的一种特色酒品，以黄桂为主要香料，酒体醇厚，香气四溢。这种酒不仅口感独特，更富有文化内涵。

紫笋茶、阳羡茶和蒙顶茶，都是唐朝的名茶。这些名茶不仅品质卓越，更是文化交流的载体，见证了唐朝茶文化的繁荣与辉煌。

博士：在唐朝原指学识渊博的学者，后逐渐演变为一种官职，主要负责掌管经学传授及礼仪制度。唐朝的博士们在文化传承与发展中发挥了重要作用。

酒过三巡，桌面上一片狼藉，隋炀帝提出下一个活动安排——SPA。

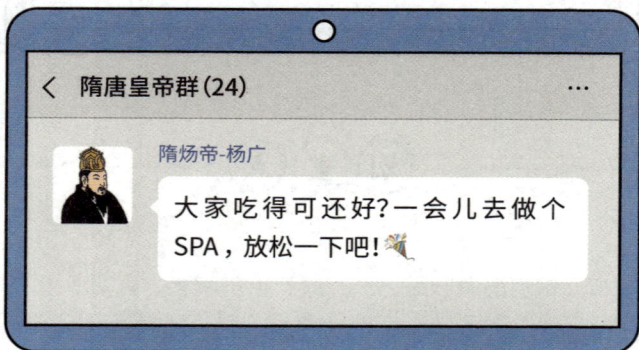

> **隋唐皇帝群 (24)** …
>
> 隋炀帝-杨广
>
> 大家吃得可还好？一会儿去做个 SPA，放松一下吧!

隋唐皇帝群(24)

唐高祖-李渊
还是你会生活。

唐高祖-李渊

唐懿宗-李漼
要不咱们去泡温泉？

隋炀帝-杨广
没问题。

隋恭帝-杨侑
我导航一下，地点是哪里？

唐懿宗-李漼
骊山华清池。

隋恭帝-杨侑
这会儿正赶上沐兰节，估计人很多。

唐玄宗-李隆基

隋唐皇帝群(24)

隋炀帝-杨广
我办卡了，咱到哪儿都是 VIP。

隋炀帝-杨广

唐武宗-李炎
听说孙思邈研制了一种"沐头汤"，配上华清池的皂荚，人生美好啊！🕺🕺🕺

唐文宗-李昂
再带上澡豆，洗浴方子、洗发液和香皂都齐全了。😳

隋炀帝-杨广
我先飞鸽传书到华清池，让他们提前准备着。

唐敬宗-李湛
点个烽火狼烟更快些！

　　华清池：初名"汤泉宫"，后改名为温泉宫，唐玄宗时更名为华清宫。位于陕西省西安市临潼区，背靠骊山，面向渭河，是唐代的皇家游宫。此地规模宏大，建筑壮丽，是帝王游幸的别宫，自古以来便是著名的温泉疗养胜地。

　　沐兰节：即端午节，古人有在这一天用香草沐浴的习俗，旨在清心辟邪。这一习俗后来演化为用菖蒲、艾叶等煎水沐浴，以此祛瘟避毒。这一节日体现了古人对健康和自然的敬畏与追求。

沐头汤：唐朝时期用于治疗头部疾病的一种药方。其主要成分包括大麻子、秦椒等，经过特定的熬制过程后用来洗发，具有治疗头痒、头屑等问题的功效。这一药方反映了唐朝时期中医药学的发达和人们对个人卫生的重视。

皂荚：唐朝时期常用的洗涤用品，其果实可用来制作洗涤液。使用时，需将皂荚的荚肉晒干，然后用热水煮成汤，即可用于洗涤身体或物品。这一用品的普及显示了唐朝人民对清洁和卫生的高度重视。

澡豆：唐朝时期的一种洗涤用品，同时也是佛教用语。其原料包括多种豆类和药材，经过研磨混合后制成，具有清洁和保健的双重功效。

唐朝的传信方式主要包括信使、旗语以及鸽子传信等。其中，信使则负责传递书信，他们骑着快马穿越千山万水，将信件送达目的地。旗语是通过不同颜色的旗帜和摆放位置来传递信息，常用于军事通信。而鸽子传信则是将信件绑在鸽子腿上，利用鸽子归巢的本能进行远距离通信。这些传信方式共同构成了唐朝时期复杂而高效的通信网络。

大家有说有笑地来到华清池，本以为唐玄宗会因杨贵妃而掉队，不曾想时间是最好的解药，如今一切都释怀了。

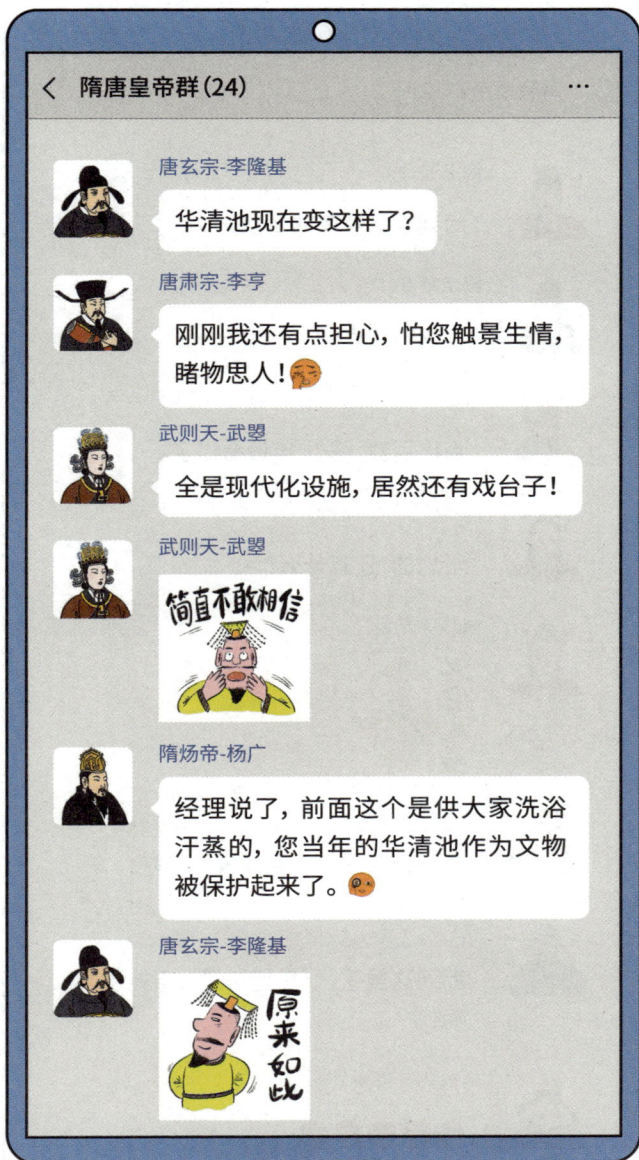

隋唐皇帝群(24)

唐玄宗-李隆基
华清池现在变这样了？

唐肃宗-李亨
刚刚我还有点担心，怕您触景生情，睹物思人！

武则天-武曌
全是现代化设施，居然还有戏台子！

武则天-武曌

隋炀帝-杨广
经理说了，前面这个是供大家洗浴汗蒸的，您当年的华清池作为文物被保护起来了。

唐玄宗-李隆基

划 重 点

百戏：唐朝时期各种表演艺术的总称，包括杂技、歌舞、魔术等多种艺术形式。百戏表演场面宏大，技艺精湛，深受民众喜爱，不仅丰富了人们的文化生活，也展现了唐朝文化的繁荣与多元。

歌舞戏：是歌、舞、戏三者的结合，但在表演的时候舞蹈成分居多，同时还会夹杂一些古老的角抵戏和杂戏的形式。唐代最著名的歌舞戏是《大面》《钵头》和《踏谣娘》，并称为唐朝的三大歌舞戏，已初步具备了后世戏曲艺术的雏形。

木偶戏：古称"傀儡戏"，是指表演艺人通过操控傀儡玩偶进行的表演。这一表演方式源于汉，兴于唐，在宋朝时达到了顶峰。唐代时傀儡戏不仅有悬丝傀儡，药发傀儡、水傀儡也逐渐兴起，此外还有伴奏乐器的"盘铃傀儡"。唐代傀儡戏深受普罗大众的喜爱，不仅是宫廷贵族和高官权臣宴饮之时的常客，儒生、平民也都极为捧场。

《贵妃醉酒》：京剧曲目，又名《百花亭》，取材于唐朝杨贵妃的故事，由京剧表演艺术家梅兰芳表演而广为人知。《贵妃醉酒》通过动作、唱词和曲调，将杨贵妃的个人形象和心理活动塑造得淋漓尽致。

一曲《贵妃醉酒》，唱醒了梦中的帝王。曲终人散，还是要回家的。

隋唐皇帝群（24）

武则天-武曌
时间真快呀！

唐高祖-李渊
一晃就一天了，得回驿馆休息一下。

隋炀帝-杨广
等一下

隋唐皇帝群(24)

隋炀帝-杨广
> 大家先别走，我提前给家人们备了伴手礼，是份心意。

唐顺宗-李诵
> 您太客气了！

唐顺宗-李诵

隋炀帝-杨广
> 展子虔的《游春图》和赵州桥模型，每人一份，留个纪念。

唐懿宗-李漼
> 这都有点不好意思了！

隋炀帝-杨广
> 感谢各位赏光，下次咱们坐龙舟直接沿大运河下江南。

‹ 隋唐皇帝群(24)   ···

隋炀帝-杨广

隋文帝-杨坚

还敢提这茬儿！💔

隋文帝-杨坚

隋炀帝-杨广

唐高祖-李渊

隋朝请客，我大唐也是带了见面礼的。🙂

唐太宗-李世民

李枳，抬上来。

隋唐皇帝群(24)

唐哀帝-李柷

来啦 来啦

唐高宗-李治

每人《大唐西域记》一部。

武则天-武曌

太有排面啦。

唐高祖-李渊

期待再聚。

隋炀帝-杨广

彩虹屁

划 重 点

展子虔的《游春图》以其细腻的笔触和生动的构图，展现了初唐时期人们游春踏青的欢乐场景。画面中的山水、人物、花鸟等元素交相辉映，色彩明快，线条流畅，充满了生机与活力。这幅画作不仅是展子虔的代表作，也是中国古代绘画艺术的瑰宝之一。

赵州桥：又名安济桥，是隋朝工匠李春设计建造的一座石拱桥。其结构独特，造型优美，历经千年仍坚固如初。赵州桥不仅是中国古代桥梁建筑的杰出代表，也是世界桥梁史上的珍贵遗产。

《大唐西域记》：唐代高僧玄奘口述、辩机执笔的纪行体著作。书中详述了玄奘亲身游历西域的所见所闻，内容涵盖历史、地理、宗教、文化等多方面，是研究古代中亚和印度历史文化的珍贵资料，也体现了唐代中国与西域的文化交流之盛况。

隋炀帝乘龙舟是隋朝时期盛大壮观的皇家巡游场景。龙舟造型华丽，装饰繁复，彰显着皇家的威严与气派。隋炀帝乘龙舟巡游，不仅是为了彰显国力，也是为了加强各地之间的联系与沟通。然而，这一奢华的巡游活动也加速了隋朝的灭亡，成为历史上一段引人深思的教训。

隋唐一代的统治者们在太平盛世中赓续华章，大厦将倾下文化铸魂。无论是发达的科技，还是传颂的经典，无一不展示出隋唐人的勤奋与智慧。

八
边疆趣闻

　　隋文帝除了拥有统治江山社稷的远大抱负，还有一颗宠妻的心。为了实现独孤皇后的游历愿望，每当有边疆地区的朝贡，他便赶紧将罕见的当地特产送与独孤皇后。

< 隋唐皇帝群(24)   …

隋文帝-杨坚
最近有哪个使者来贡啊？

隋恭帝-杨侑
稍等，我让鸿胪寺统计一下。

隋炀帝-杨广
这么多吗？

隋恭帝-杨侑
主要是我也不了解有多少啊！

唐哀帝-李柷
我们大唐设有专门的管理机构。

唐高祖-李渊
格局打开

唐太宗-李世民
像北庭都护府、安西都护府，数据分分钟就到中央。

唐太宗-李世民
看咱这效率。

隋唐皇帝群(24)

隋恭帝-杨侑
> 不会像现在一样发信息吧！

隋恭帝-杨侑

唐太宗-李世民
> 也得走陆上丝绸之路，快马加鞭地汇报。

隋文帝-杨坚
> 咱也不差，淡定啦。

隋恭帝-杨侑
> 唐朝那么大！

隋炀帝-杨广
> 我想去看看。

隋文帝-杨坚

划重点

安西都护府和北庭都护府是唐朝在西域的最高统治机构，前者管辖天山以南地区，后者管辖天山以北地区。二者在维护西域稳定方面发挥了重要作用。

陆上丝绸之路：以长安为起点，分为南北两路。南路穿越葱岭至西亚，北路经草原至中亚、西亚，最终都通往欧洲。陆上丝绸之路作为古老的商道，不仅促进了中国与亚欧各国的贸易往来，而且推动了双方的文化交流。

不同于隋文帝的是，隋炀帝赏赐嫔妃的不是被动接受的贡品，而是主动游历各方所获。从这一点上看，隋炀帝更注重沉浸式体验。

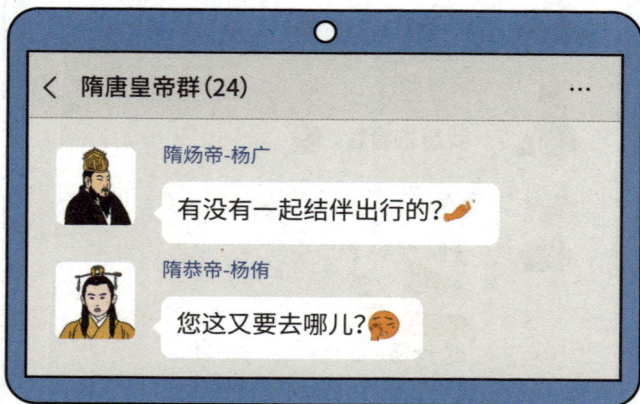

隋唐皇帝群(24)

隋炀帝-杨广
有没有一起结伴出行的？

隋恭帝-杨侑
您这又要去哪儿？

隋唐皇帝群(24)

隋炀帝-杨广
日出江花红胜火，春来江水绿如蓝。

隋炀帝-杨广

隋恭帝-杨侑
去江南？

隋炀帝-杨广
猜对了，明天出发。

唐高祖-李渊
大运河也开通了，你这下江南游山玩水更方便了呢。

唐高祖-李渊

隋炀帝-杨广
世民，你去不去？

隋唐皇帝群(24)

唐太宗-李世民

我就不去江南了，趁着绿草悠悠，打算去趟内蒙古。

隋文帝-杨坚

那你可要去爬一爬隋长城。

唐太宗-李世民

不知道时间够不够，这趟主要是考察北方。

唐太宗-李世民

唐高宗-李治

父皇，北方有安北都护府和单于都护府！

唐高宗-李治

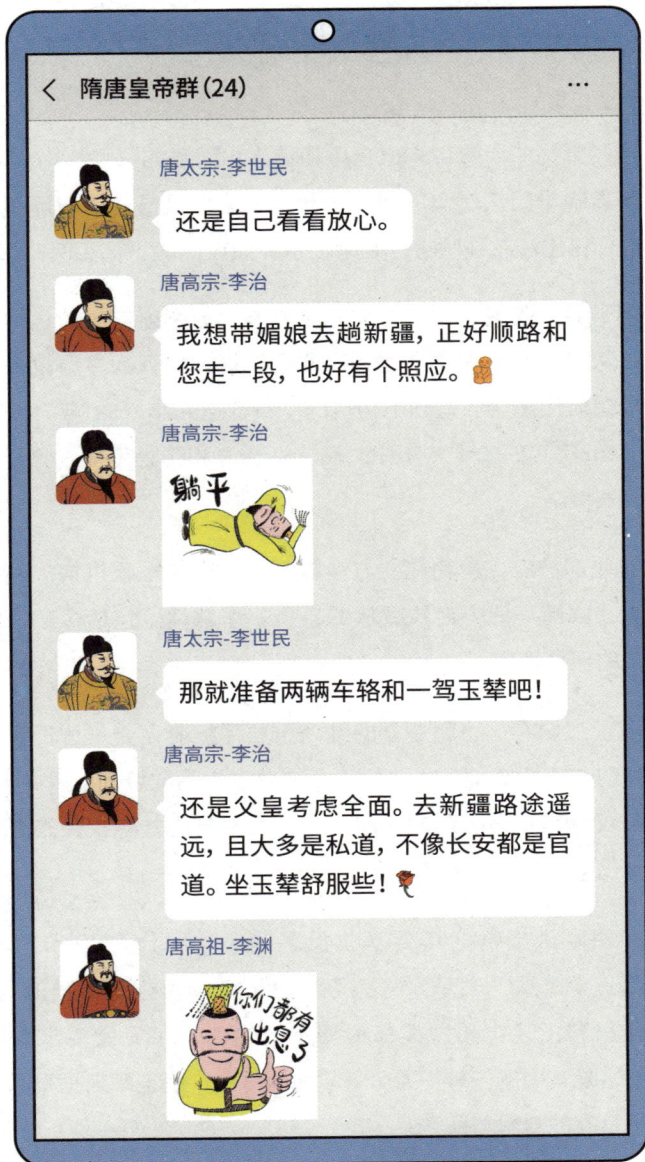

　　隋炀帝杨广所吟诗句出自唐朝诗人白居易的《忆江南·其一》，是白居易晚年回忆江南的迷人风景而作。原文是：江南好，风景旧曾谙。日出江花红胜火，春来江水绿如蓝。能不忆江南？

　　隋长城：隋朝建立后，北方突厥族势力强盛，屡犯边地。为防范其势力入侵，隋文帝建国后便把修筑长城列为主要政务。隋长城是在前代修筑的基础上构筑的，自开皇元年（581年）至大业四年（608年）的二十八年中，隋文帝杨坚和隋炀帝杨广曾先后七次修筑长城。

　　安北都护府：唐朝在北方边疆设立的重要军政机构，负责管理突厥、回鹘等北方游牧民族的事务。所辖地区包括今蒙古国和俄罗斯的部分地区。

　　单于都护府：唐朝建立的九个重要都护府之一，负责管理北方边疆的东突厥故地。主要位于今内蒙古自治区境内，属关内道。它们不仅具有军事防御的职能，还是唐朝与北方游牧民族进行贸易和文化交流的重要基地。

　　唐朝皇帝出行的车驾基本沿袭隋制，可分为五辂、五副、十二从、十二属、七辇、三舆等。辂是皇帝出行时乘坐的马车，其制作材料、装饰和规模都根据不同的场合和礼仪要求有所不同。玉辂是其中的一种，因用玉装饰而得名。而玉辇则是辇的一种，体现了皇家的尊贵与威严。

群内对话悄悄地从隋炀帝出游转向了唐朝皇帝微服私访，眼看着大家都愿意欣赏边疆风光，可把群主李柷乐开了花。正愁《邦畿千里，维民所止》的隋唐报告怎么写呢？

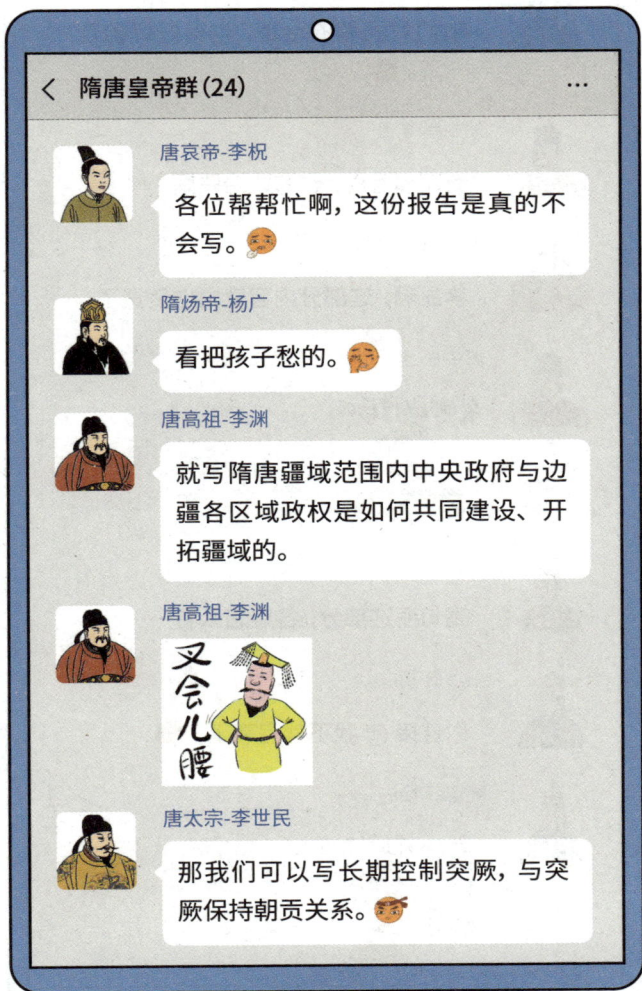

> **隋唐皇帝群(24)** ⋯
>
> **唐哀帝-李柷**
> 各位帮帮忙啊，这份报告是真的不会写。
>
> **隋炀帝-杨广**
> 看把孩子愁的。
>
> **唐高祖-李渊**
> 就写隋唐疆域范围内中央政府与边疆各区域政权是如何共同建设、开拓疆域的。
>
> **唐高祖-李渊**
> 又会儿腰
>
> **唐太宗-李世民**
> 那我们可以写长期控制突厥，与突厥保持朝贡关系。

隋唐皇帝群(24)

武则天-武曌

咱们对回鹘的治理，也得好好梳理一下。🥷

唐中宗-李显

有军事互助，也有政治联姻。💃

唐太宗-李世民

李显啊，这部分内容就由你负责了。

唐中宗-李显

我哪敢说话呀

唐哀帝-李柷

高句丽这部分，各位怎么看……

隋炀帝-杨广

你直接 @ 我不就完事了。🫤

隋炀帝-杨广

给你一个眼神自己体会

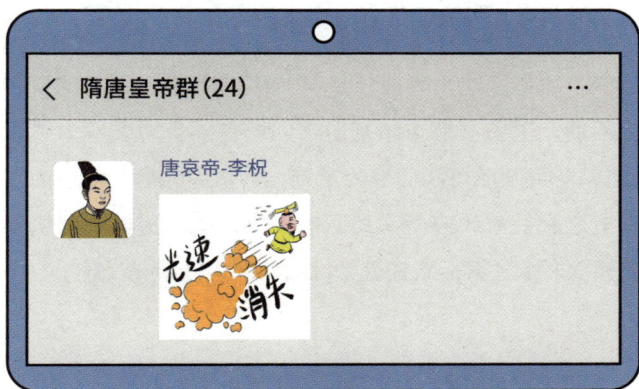

隋唐皇帝群(24)

唐哀帝-李柷

划 重 点

　　邦畿千里，维民所止：出自《诗经·商颂·玄鸟》，意思是古代天子统治的疆域，都是民众所居住的地方。现代人常引用此句，用来说明中国辽阔的疆域是由各民族共同努力创造的。

　　唐朝建立初期，突厥（包括东突厥和西突厥）是主要威胁之一。唐太宗李世民即位后决定彻底消灭突厥，恢复中原王朝对西域的统治。唐朝先后派遣名将李靖、苏定方等人率领大军进攻突厥，经过多次征战，终于彻底击败突厥。唐朝中央政府在原来的东、西突厥领地分别设立都督府和都护府，以此加强中央政府对西域的统治。

　　朝贡是古代属国和周边政权首领亲自或遣使朝见中央君主（天子），并贡献当地的特产。朝贡这一行为始于公元前3世纪初，该行为表示朝贡方对被朝贡方的顺从。

回鹘：原称回纥，唐贞元四年（788年）后，回纥的汉字写法又改为回鹘。因唐玄宗李隆基册封回鹘首领骨力裴罗为"怀仁可汗"，唐朝册封回鹘可汗便成为定制。为巩固大唐与回鹘的友好关系，安史之乱后唐政府两次请回鹘出兵助战。另外，唐朝政府还与回鹘建立联姻关系，咸安公主嫁给回鹘可汗就是一例。

一听联姻，群内小伙伴们都来了兴致。别的公主可能不太了解，文成公主入藏可是大家耳熟能详的佳话。

> **隋唐皇帝群(24)**
>
> **唐昭宗-李晔**
> 说到联姻，不得不提文成公主。👍
>
> **隋炀帝-杨广**
> 你不会是小迷弟吧？
>
> **唐哀帝-李柷**
> 我也是小迷弟。💪
>
> **唐武宗-李炎**
> 还有我，前几天我们还去布达拉宫了呢！

隋唐皇帝群(24)

唐文宗-李昂
那你们去大昭寺了吗?我都没去过。

武则天-武曌
现在交通很方便, 有时间可以去看看。

唐敬宗-李湛
大型舞台剧《金城公主》也值得一看。

唐宣宗-李忱
巾帼不让须眉啊!

唐宣宗-李忱

唐代宗-李豫
怪不得吐蕃上表,自称与唐朝"和同为一家"。

唐高祖-李渊
前人负重前行, 后人岁月静好!

隋唐皇帝群(24)

唐高祖-李渊

格局打开

划 重 点

隋唐时期的君主都曾与高句丽进行过激烈的战争，如隋炀帝三次讨伐高句丽未果，最后还因远征高句丽而灭亡。唐太宗也曾派多位大将军讨伐高句丽。此外，隋唐帝王也对高句丽进行过多次册封，以此证明这一时期自己对高句丽的管辖权。如隋炀帝封高句丽王为"大将军"，唐太宗封高句丽王为"上柱国"。

文成公主入藏：贞观年间，吐蕃赞普松赞干布派使者来长安请婚，唐太宗将宗室女封为文成公主，下嫁松赞干布，以此促进汉藏两族的和平与友好。据史料记载，文成公主到吐蕃和亲，带去了中原的文化典籍、建筑工匠和农业技术，对吐蕃地区的发展进步具有深远影响。

布达拉宫：松赞干布为文成公主而建的一座宫堡式建筑群。

位于拉萨市区西北的红山上，由山前的方城、山上的宫殿群、山后的龙王潭花园三部分组成。该建筑吸取了藏式古建筑与汉式建筑的文化精华。1994年，布达拉宫被列入《世界文化遗产名录》。

大昭寺：位于拉萨市繁华的八廓街。该建筑集唐代、尼泊尔、印度建筑风格于一体。寺内保存多部经典著作，寺前立有唐蕃会盟碑和狮身人面木雕，保留了历史原貌。

金城公主：唐中宗李显的养女，于景龙四年（710年）作为和亲公主入吐蕃，与吐蕃赞普赤德祖赞和亲。这次联姻进一步巩固了文成公主进藏后的唐政府与吐蕃之间的关系。

长时间潜水的隋文帝见群内形势大都是唐朝边疆趣事，略显不甘心地念叨起隋朝的故事。

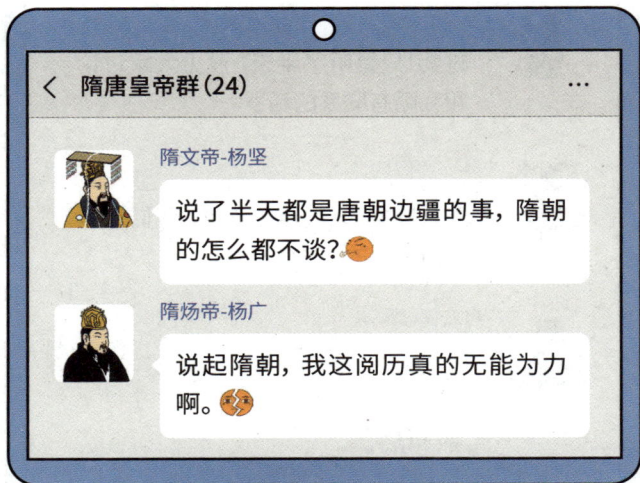

隋唐皇帝群(24)

隋文帝-杨坚
说了半天都是唐朝边疆的事，隋朝的怎么都不谈？

隋炀帝-杨广
说起隋朝，我这阅历真的无能为力啊。

< 隋唐皇帝群(24)　　　　　　···

隋炀帝-杨广

武则天-武曌

隋文帝时期的边疆，也是风和日丽的！😊

唐代宗-李豫

隋文帝-杨坚

过奖！只是听了半天，没见大家讨论和我朝有联系的新罗。

隋文帝-杨坚

还有吐谷浑！就连在流求，我们也是有所建树的。😎

唐玄宗-李隆基

隋唐皇帝群(24)

唐太宗-李世民

隋朝统一南北，又能治理边疆，的确不容易。👍👍

隋文帝-杨坚

虽然难，但贵在坚持啊！

隋文帝-杨坚

又会儿腰

唐高祖-李渊

楼上说得对

划重点

新罗：位于朝鲜半岛东南部，隋开皇十四年（594年），新罗使者来隋朝朝贡，隋文帝对新罗国王金真平进行加封。此后，新罗经常遣使入隋朝朝贡、通商。

吐谷浑：鲜卑慕容部的一支，西晋末年建立了吐谷浑国。隋朝初年，吐谷浑多次袭扰边境。大业五年（609年），隋炀帝派兵击败吐谷浑，并建立军镇，大开屯田，以保护通往西域的商道。

流求：今天的中国台湾。三国时期称夷州，隋朝时称流求，当地居民主要是高山族人，与大陆早有往来。大业六年（610年），隋朝率军进入流求，流求成为隋朝的统治区域。整个隋唐时期，两岸互动往来频繁。近年来，台南出土的唐朝瓦瓶、古钱等器物都有力地证实了这一点。

隋唐时期的中国边疆呈现出若干区域政权，他们同中央政府一同创造了中国的地域版图及灿烂的中华文化。这段历史真实地反映出中华民族共同体的形成、发展及各民族交往、交融的过程。

九

旅游攻略

　　"寻帝都文脉，看丝路锦绣，醉山水西安。"现在西安旅游真的太火了。大唐不夜城不仅人潮拥挤，而且展出模式不断被复制。这不，群主李枞组织大伙儿做个攻略，去看看祖国的大好河山。

< 隋唐皇帝群(24)   ···

唐哀帝-李柷

又快到十一黄金周了，大家有没有提前准备出行攻略啊？🥕

武则天-武曌

攻略的事儿，婉儿都帮我安排好了！

唐玄宗-李隆基

朕最近食不下咽，就不出去了。🤢

唐宣宗-李忱

要是高力士还在，准有办法！

唐宣宗-李忱

唐穆宗-李恒

高力士啊！那可是玄宗肚子里的蛔虫！

唐顺宗-李诵

想当初唐玄宗和杨贵妃的结识，还是靠高力士帮忙呢！🥮

隋唐皇帝群(24)

唐德宗-李适

唐代宗-李豫

高力士确实忠心耿耿。👍👍

唐肃宗-李亨

相比之下，李辅国的人品就大跌眼镜了。💔

隋炀帝-杨广

李辅国开创了唐朝宦官干政的第一局！

隋炀帝-杨广

唐玄宗-李隆基

划 重 点

上官婉儿：幼年时因祖父上官仪获罪而被连累进入掖庭。上官婉儿长大后聪颖睿智，受到武则天赏识，常常代笔草拟诏书。唐隆元年（710年），临淄王李隆基起兵发动唐隆政变，上官婉儿被乱兵所杀。

高力士：唐代著名宦官，曾在唐玄宗时期担任重要职务。他忠诚勇敢，才华出众，善于诗词、音乐、书法等艺术，被誉为"多才多艺的高力士"。然而，他也有权力欲望强烈、行为不端的一面，曾参与安史之乱的发生，并因此受到皇帝的惩罚。

李辅国：唐朝中期的权宦，因尽心侍奉太子李亨而得势。在安史之乱中，他逼压唐玄宗，力劝李亨登基，并逐渐掌握军权，成为朝廷重臣。唐肃宗李亨即位后，他更是权倾朝野，并在后来支持唐代宗李豫登基，被唐代宗尊称为"尚父"，但最终因自恃功高而被唐代宗暗杀。李辅国的一生充满了权谋与斗争，是唐朝宦官专权的一个缩影。

唐朝的宦官就类似于现在的**"贴身管家"**，负责照顾皇帝的衣食住行、喜怒哀乐。虽然个别宦官出现越权行为，但皇帝们依赖宦官，也是无奈之举啊！

隋唐皇帝群(24)

唐哀帝-李柷

肃宗和代宗的行程，李辅国都提前安排好了。@ 隋文帝 - 杨坚 您老人家的出行攻略有人负责吗？

隋文帝-杨坚

宦官吗?我没有得力的。

隋文帝-杨坚

隋恭帝-杨侑

我们文帝惧内，女眷少，宦官就没发展起来。

唐僖宗-李儇

隋炀帝-杨广

还是要对老婆好一点啊。

隋唐皇帝群(24)

唐哀帝-李柷
高祖皇帝啊，刚才鱼朝恩和程元振给我打电话，也想为这次旅游效力。

武则天-武曌

武则天-武曌
正好让他们策划隋朝三位皇帝的出行攻略。

唐代宗-李豫
👍

唐中宗-李显
李辅国被军队敬称为五郎，程元振都十郎了。

唐中宗-李显

隋唐皇帝群(24)

唐玄宗-李隆基
让他们策划一次出游，没问题！

隋恭帝-杨侑

唐太宗-李世民
这群孩子一点主见都没有，有点小事就喊宦官。

唐敬宗-李湛
主要是不太了解外面的世界，缺乏出游经验呀！

隋文帝-杨坚
看现在的亲子游、研学游，不仅是拉动经济增长，而且真的长见识。

唐昭宗-李晔

划 重 点

隋文帝杨坚统治时期，后宫嫔妃不多，宦官人数相对较少。然而，隋炀帝杨广上台后大量增加宦官数量，他们逐渐干预朝政，甚至公开暴政，虐待百姓，成为隋朝灭亡的因素之一。

鱼朝恩：唐朝著名宦官之一。自小入宫净身当太监，一生服侍过唐玄宗、唐肃宗、唐代宗三位皇帝。安史之乱时，鱼朝恩拥护唐玄宗出逃，保驾有功；唐肃宗即位，鱼朝恩又协助政事，官运亨通；唐代宗即位后，因鱼朝恩威慑百官，贪污受贿，最后被宰相元载设计缢死。

程元振：唐朝时期的宦官大臣。他曾在安史之乱后联合李辅国拥立唐代宗，因此获得高位，历任右监门卫将军、知内侍省事等职，统领禁军，掌握大权。然而，他为人凶戾狡诈，野心勃勃，企图谋夺李辅国的权力，甚至策划政变。最终，他的阴谋被御史大夫王升揭发，被流放溱州，途中为仇家所杀。

五郎、十郎：李辅国在唐朝中期权倾朝野，因其权势显赫，军队中敬称其为"五郎"。李辅国死后，程元振得到唐代宗的提拔，继任骠骑大将军并统领禁军，其权势甚至超过了李辅国。因此，军队中开始称程元振为"十郎"，以彰显其在军中的威望和地位。

群里讨伐宦官的声音此起彼伏，看不清局势的唐德宗李适开始"冒泡"了。

隋唐皇帝群(24)

唐德宗-李适
我的出行攻略，俱文珍帮我做完了，老省心了！

唐德宗-李适
躺平

唐高宗-李治
五一出行的人太多了，攻略不好做。

唐中宗-李显
德宗去哪儿散心啊？

唐德宗-李适
泾原一日游！

唐哀帝-李柷
这是重温泾原兵变的艰难历程啊！

‹ 隋唐皇帝群(24)　　　　　　···

唐玄宗-李隆基

玄武门、马嵬驿一日游也行。

隋炀帝-杨广

过于血腥了，要不咱们下江南吧！

隋炀帝-杨广

唐睿宗-李旦

同意，吹惯了北方的风沙，也想看看小桥流水人家。

隋炀帝-杨广

我也想去看看江都兵变的地方！

隋文帝-杨坚

我再去陈国旧址转转，当时只想着灭它，都没好好看看。

唐太宗-李世民

隋唐皇帝群(24)

唐肃宗-李亨
咱们沿河南下，还能看看大运河沿岸风光。

唐德宗-李适
真是太好了!👍👍

隋恭帝-杨侑
就这么定了。

唐宣宗-李忱

划重点

　　俱文珍：唐朝著名宦官。他在唐德宗时期因拥立之功而崭露头角，成为宦官首领，笼络了一批握有兵权的宦官。唐顺宗李诵即位后，俱文珍联合朝中守旧势力，成功阻挠"永贞革新"，并通过政变促成"永贞内禅"，拥立唐宪宗李纯登基。他一度权势滔天，但后期因年老昏聩，渐失皇帝恩宠，最终因病去世。

泾原兵变：唐朝中期的一次重大军事叛乱。起因是泾原士兵未得到唐德宗李适的赏赐而心生不满，在途经长安时发生哗变。士兵们攻打都城，唐德宗仓皇出逃。叛军拥立朱泚为王，并攻入长安。唐德宗被迫答应叛军要求，但叛军仍不满足，射杀使臣。此次兵变加剧了唐朝的内忧外患，削弱了中央集权，加速了藩镇割据的进程。

看着群里的男同志不是看惨烈的兵变遗址，就是大江大河，一直沉默不语的武则天终于忍不住要发声了。

隋唐皇帝群(24)

武则天-武曌
游山玩水，我都倦了！更想去看看各朝宫殿。

唐高宗-李治
楼上说得对

唐昭宗-李晔
听说宫殿整修后都列为文物重点保护单位了，现代人旅游都去参观。

隋唐皇帝群(24)

唐中宗-李显
第一站定在哪里呢？😋

武则天-武曌
紫微宫怎么样？

唐武宗-李炎
它可是历经隋唐两朝，经数代皇帝打造的宫殿。🪁

唐高宗-李治

唐文宗-李昂
大兴宫、大明宫也值得看看，但需要提前预约。

唐僖宗-李儇
田令孜有经验，让他统筹安排吧！

唐高祖-李渊
你小子大唐基业没守好，培养宦官倒是有一套。

隋唐皇帝群(24)

唐僖宗-李儇

光速消失

唐穆宗-李恒

离了个大谱

划重点

　　紫微宫：隋唐两朝连用的宫殿，别名紫微城、太初宫、洛阳宫，是隋唐时期的政治中心和国家象征。其建筑形制惊世骇俗，影响了东亚各国宫殿建设，尤其是武则天时代的明堂、天堂，使其成为世界奇观。

　　大兴宫：隋唐两朝连用的宫殿，隋称大兴宫，唐睿宗以后称太极宫。由隋朝宇文恺主持修建。整个宫城分为三部分，中部为皇宫大内，东部为太子东宫，西部为供应宫廷饮食起居的作坊和掖庭宫。

大明宫：则位于长安北侧，与太极宫、兴庆宫并称唐朝长安三大宫殿。2014年，大明宫遗址成功列入《世界遗产名录》。

田令孜：唐懿宗时随养父入内侍省为宦官，因扶立唐僖宗李儇即位，恃宠而骄。即便统领神策军，他仍不满足，为了扩大权势竟侵凌唐僖宗。田令孜最终因奏请收两盐池之利归神策军，引发与河中、河东节度使的冲突，后在大顺二年（891年）被王建所杀。

眼看着主流人物们都定下旅游攻略，不敢吱声的唐朝末期皇帝们面面相觑，弱弱地提了点自己的诉求。

隋唐皇帝群(24)
唐宪宗-李纯
我想去看看咱们的粮仓。
唐太宗-李世民
怎么想起粮仓了?
唐文宗-李昂
我们生活的时代，民不聊生，粮仓如梦。

隋唐皇帝群（24）

唐文宗-李昂

唐懿宗-李漼

我也没见过粮仓。

隋炀帝-杨广

这得从哪儿看起呢？

隋文帝-杨坚

先去看看隋朝的兴洛仓和回洛仓。

隋恭帝-杨侑

那可是隋炀帝的功绩。

唐哀帝-李柷

我们大唐粮仓太多，转起来可能要几天。

唐哀帝-李柷

隋唐皇帝群(24)

唐高宗-李治
> 那就去含嘉仓看看？

武则天-武曌
> 来吧展示

唐敬宗-李湛
> 顺便品尝一下当地绿色有机的大米、白面。

唐文宗-李昂
> 这主意好！🍞

唐宣宗-李忱
> 当地不仅有粟、麦、稻，还有荞麦呢。🥟🥟🥟

武则天-武曌
> 再来碗菽浆就更美好了。

唐昭宗-李晔
> 菽浆？

隋唐皇帝群(24)

唐高宗-李治
就是用很多豆制作的豆浆。

唐昭宗-李晔
原来如此

划重点

隋朝著名的粮仓有回洛仓和兴洛仓，主要是供应皇室贵族和京畿百姓的粮食需求。前者位于河南郑州，后者位于河南洛阳东北角。粮仓地点的选择充分考虑了地形和运输条件，确保粮食的安全存储和便捷运输。

含嘉仓：隋唐时期的国家粮仓之一，地处河南洛阳。始建于隋大业元年（605年），被誉为"天下第一大仓"。其遗址面积广大，有数百个粮窖，储量巨大，主要储藏的是粟米和稻米。

旅游攻略都定得差不多了，群里的皇帝们实在无聊，开始八卦宫廷里的宦官秘史了。

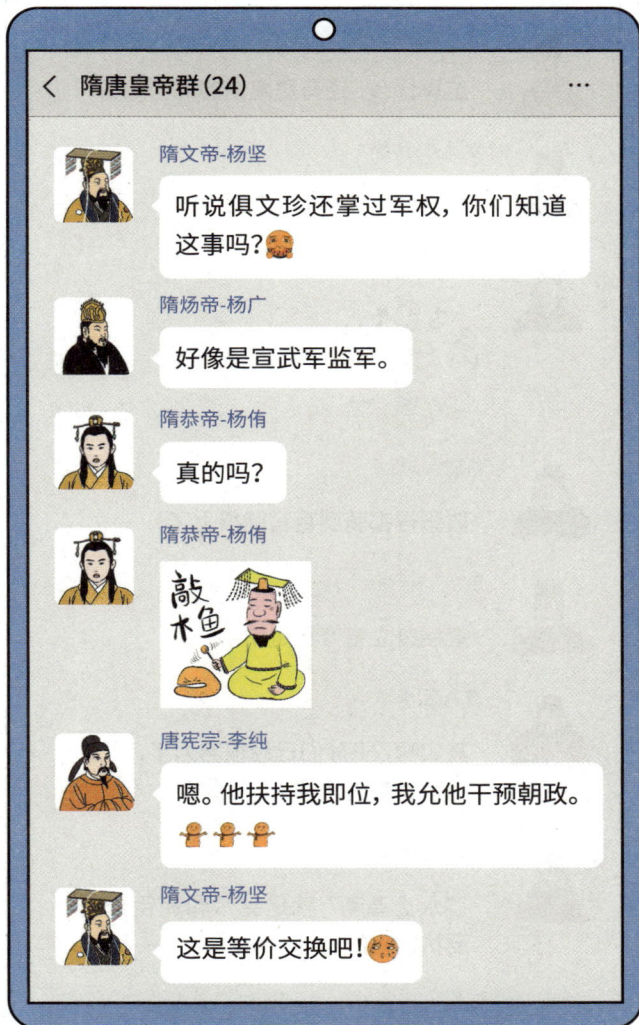

隋唐皇帝群(24)

隋文帝-杨坚
听说俱文珍还掌过军权，你们知道这事吗？

隋炀帝-杨广
好像是宣武军监军。

隋恭帝-杨侑
真的吗？

隋恭帝-杨侑

唐宪宗-李纯
嗯。他扶持我即位，我允他干预朝政。

隋文帝-杨坚
这是等价交换吧！

唐哀帝-李柷
这算什么，还有更离谱的呢。💔

武则天-武曌
宦官后来都掌握军权了！

武则天-武曌

唐昭宗-李晔
嚣张得都骑到百官脑袋上了！

唐中宗-李显
直接废立皇帝也是常事。

唐高祖-李渊
其实啊，子孙们已经很努力了，主要是宦官势力太强大了！

唐顺宗-李诵
"永贞革新"就是皇帝和朝臣一起反抗宦官的行动。🤝

隋唐皇帝群(24)

唐文宗-李昂

"甘露之变"也是。

唐武宗-李炎

这么反抗都没有用？

唐武宗-李炎

简直不敢相信

唐哀帝-李柷

唐后期的社会已经一地鸡毛了。

武则天-武曌

怎么乱的？

隋恭帝-杨侑

牛李党争啊!朝堂上乌烟瘴气。

隋恭帝-杨侑

离了个大谱

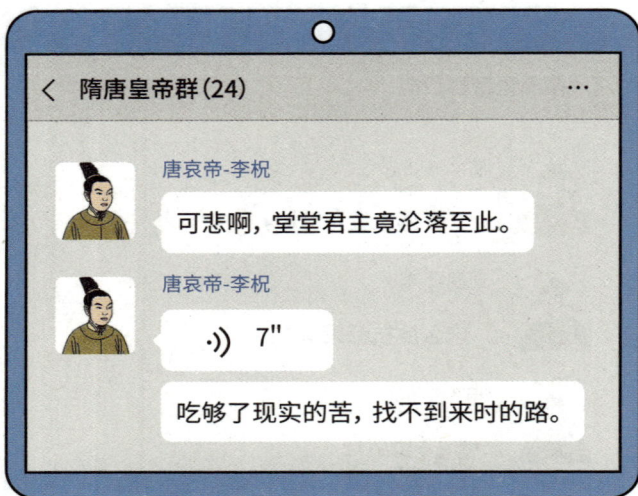

> **隋唐皇帝群(24)**
>
> 唐哀帝-李柷
> 可悲啊，堂堂君主竟沦落至此。
>
> 唐哀帝-李柷
> ·)) 7"
> 吃够了现实的苦，找不到来时的路。

划 重 点

　　唐朝后期宦官权势滔天，不仅能够拥立皇帝，而且能决定皇帝的生死。比如唐宣宗李忱、唐昭宗李晔等皇帝就是依靠宦官拥立得以即位的，而唐敬宗李湛和唐宪宗李纯却是被宦官设计杀害的。

　　宣武军监军：唐朝时期的重要职位，多由皇帝信任的宦官担任。唐德宗时期，为加强中央集权，整顿禁军，宦官地位空前提高，逐渐形成了一个宦官集团。其中，宦官俱文珍因在泾原兵变中立有功劳，被提拔担任宣武军监军。监军不仅拥有监督军队的权力，而且身边还有亲兵队伍，在军队中拥有很高的地位。

　　永贞革新：唐朝中期的一次重要政治改革，发生在唐顺宗李诵执政期间。这次改革以加强中央集权，反对宦官专权与藩镇割据为主要目的。结果因俱文珍等人发动政变而失败，唐顺宗也因此被幽禁。

甘露之变：唐朝后期唐文宗李昂策划发动的诛杀宦官集团、增强皇权的政变。但由于宦官集团势力强大，预谋泄露，政变以失败告终。此次事件后，宦官势力更加猖獗，唐朝中央政权进一步削弱，政治更加黑暗，社会矛盾日益尖锐，最终加速了唐朝的衰亡。甘露之变不仅深刻影响了唐朝历史的走向，也成为中国古代宦官专权危害的生动例证。

牛李党争：唐朝后期，以牛僧孺为首的牛党和以李德裕为首的李党所展开的夺权斗争。这场斗争持续近四十年，期间两党明争暗斗，影响深远。它加剧了唐朝的统治危机，使政治更加腐败，社会更加动荡。最终，随着几位领袖的去世和唐宣宗李忱的介入，牛李党争才得以结束，但唐朝的衰落已无法挽回。

历朝宦官哪家强，还得关中看大唐。唐朝宦官们不但照顾皇帝的饮食起居，还能上朝当官至宰相，甚至能领兵打仗当将军……统治者对宦官的依赖不知不觉间培植了宦官的强大势力。

十

筹备世界博览会

隋唐皇帝们的邮箱都收到一封世界博览会的邀请函，这可在群里引起了很大反响。皇帝们纷纷对邀请函发表了不同的看法。

隋唐皇帝群(24)

隋文帝-杨坚
大家填写《世界博览会邀请函》的回执了吗?

隋炀帝-杨广
正打算写呢!

隋恭帝-杨侑

隋恭帝-杨侑
我的签证和外语终于能派上用场了。

唐中宗-李显
这邀请函有点小瑕疵。

唐哀帝-李柷

唐中宗-李显
我看这字有点眼熟。

< 　隋唐皇帝群（24）　　　　···

唐哀帝-李柷

楼上说得对

唐哀帝-李柷

哦，还是秦始皇统一文字时的小篆，我们都写楷书了，颜、柳、欧、赵的字帖都满天飞！

唐昭宗-李晔

仔细一看，这纸张纹路也没有咱们的宣纸好。

唐僖宗-李儇

可能是没有使用蔡伦发明的环保造纸术。

唐哀帝-李柷

大家都是行家呀！

唐哀帝-李柷

彩虹屁

隋唐皇帝群(24)

唐武宗-李炎
这印字水平应该是东汉汉灵帝时期发明的拓印。

唐文宗-李昂
那和咱们的雕版印刷术也相差太多了。

武则天-武曌
治国理政的时候也没见你们这么厉害。

唐懿宗-李漼
事实胜于雄辩。

唐敬宗-李湛

划 重 点

小篆：本是战国时期秦国流行的文字字体，当时各诸侯国所使用的字体都不一样。秦始皇统一六国后，为方便文化交流，便以秦国的"小篆"作为标准，在全国范围内实行统一的字体。直到西汉末年，隶书取代小篆成为全国通行的字体。

唐朝楷书：楷书是汉字的一种字体，由隶书演变而来，始于汉朝末年，隋唐时期达到鼎盛，至今仍在使用。欧阳询、虞世南、褚遂良并列为初唐书法家，颜真卿是中唐时期著名书法家，柳公权是晚唐时期著名书法家。他们的楷书作品均为后世学习的典范。

宣纸：安徽泾县特产，唐朝天宝年间开始流行使用，具有质地绵韧、不蛀不腐的特点。宣纸至今不能为机制纸张所取代，享有"千年寿纸"的美誉。2002年，宣纸获批国家地理标志保护产品，2006年，被列入非物质文化遗产名录。

拓印：一种古老的印刷术，发明于东汉汉灵帝时期。拓印的过程是取一张纸，紧密地覆盖在作品表面，用彩色或黑色颜料进行拓取。

雕版印刷术：在固有版料上雕刻图文再进行印刷的技术。版料要选用坚实的木材，再将其锯成木板。工匠把要印的字反刻在木板上，使每个字的笔划都突出显示在木板上。木板雕刻好以后，就可以印刷了。虽然后期宋代发明了活字印刷术，但是雕版印刷术还是得到了广泛应用。

隋文帝看群里讨论邀请函的形式重于内容，只好站出来领着大家聊主题。既然去参加世界博览会，总要展现一下隋唐的恢弘气势，带点什么去参展好呢？

隋唐皇帝群(24)

隋炀帝-杨广
你说带什么去好呢?

唐太宗-李世民
赵州桥肯定背不过去了。

唐高宗-李治
带一部《金刚经》倒是可以的,这是雕版印刷术的铁证。

唐中宗-李显
要这么说,《唐本草》和《千金方》也应该带着。

唐玄宗-李隆基
让我说你们什么好?

唐玄宗-李隆基

唐中宗-李显

隋唐皇帝群(24)

唐玄宗-李隆基
一点都不大气。😒

武则天-武曌
我也有同感。😒

唐高宗-李治

武则天-武曌
我就带俩重量级人物。😊

唐宣宗-李忱

武则天-武曌
一行和玄奘，够不够分量？

唐太宗-李世民
牛。

《金刚经》：又称《金刚般若波罗蜜经》，属于《大正新修大藏经》中般若部的经典之一。作者是释怀善，主要讲述大乘佛教的空性与慈悲。在中国，从东晋时期到民国初年，各朝都有翻译版本。唐懿宗时期的《金刚经》版本是雕版印刷术发展成熟后印刷的精品，足以彰显唐朝印刷术的精湛技艺。

《唐本草》：唐代官修医书。书中详细记载了药物性味、功效及用法，对后世医药学发展影响深远。其编纂严谨，内容丰富，不仅促进了中药学的传承，也为现代药学研究提供了宝贵资料。

一行：唐朝的僧人、天文学家、数学家。佛法传播方面，一行翻译大量佛经，著有《大日经》；天文测量方面，一行创造了天文仪器水运浑天仪，用实测数据彻底地否定了历史上的"日影一寸，地差千里"的错误理论，还精确测量了地球子午线一度弧的长度；历法方面，一行制定了《大衍历》。

玄奘：唐代著名高僧、学者，被誉为"取经大师"。玄奘不惧路途遥远，条件艰苦，一心求取佛经。他从长安出发，辗转数年，到达印度那烂陀寺。多年后玄奘返还长安，并带回大量佛经及见闻。唐太宗有意授予玄奘官职，但玄奘选择翻译经书，传播佛法。此外，玄奘将自己的西行见闻，全部记录在著作《大唐西域记》中。玄奘的事迹与《西游记》中的唐僧有相似之处，《西游记》作为文学作品，以玄奘西行取经为切入点，但并不是客观历史的再现，里面的创作有作者很多独到之处。

虽然听了武则天的提议，小辈们喝彩叫好，但创业皇帝们还是觉得有代表性的展品才是最主要的。

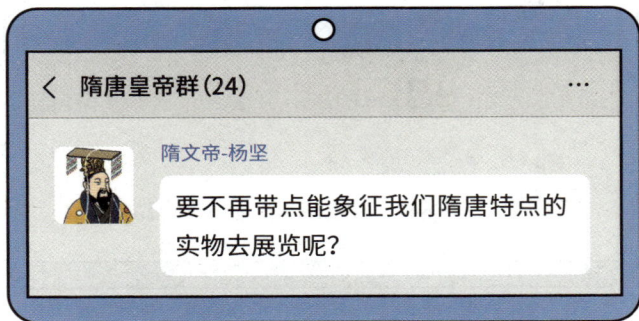

⟨ 隋唐皇帝群(24) ⋯

隋文帝-杨坚

要不再带点能象征我们隋唐特点的实物去展览呢？

隋唐皇帝群(24)

隋文帝-杨坚

唐太宗-李世民

我觉得大慈恩寺模型挺好的。

隋炀帝-杨广

葵口三足狮子纹鎏金银盘也不错。

唐高祖-李渊

昭陵六骏也可以带。

隋文帝-杨坚

带这些就差不多了。

隋文帝-杨坚

唐太宗-李世民

还得找几个翻译官，便于交流。

< 隋唐皇帝群(24) ···

武则天-武曌
阿倍仲麻吕可以，汉语、日语都一流。👍👍

唐高宗-李治
吉备真备要是不出差，也可以跟着去。😊

唐高宗-李治

唐中宗-李显
不能只找会日语的，博览会上也有其他国家的使者。😐

唐玄宗-李隆基
那就再找一下新罗和天竺的。😐

唐僖宗-李儇
我都不知道大唐竟然和这么多国家有来往。😅

> **隋唐皇帝群(24)**
>
> 唐高祖-李渊
> 多看看历史书吧！
>
> 唐高祖-李渊
> 高了个大谱

划 重 点

慈恩寺：唐朝的一座皇家寺院。唐贞观二十二年（648年），太子李治为追思自己的生母文德皇后而下令建造。流传至今的大雁塔遗址仅为当时寺院的一小部分，其余并没有保存下来。

葵口三足狮子纹鎏金银盘：唐代遗存中的银盘之一，作为盛唐时期金花银盘的代表作品，该银盘无论从样式还是工艺方面都极具特色。盘面葵口如花瓣绽放，三足稳健有力，狮子纹栩栩如生，尽显唐代金银器之华丽与精致。

昭陵六骏：根据唐太宗征战时骑乘的六匹骏马而创作的模型。

该模型中每匹马都刻画得十分精细，形态也很逼真。昭陵六骏不仅展现了古代工艺的高超水平，也反映了唐太宗的英勇善战与辉煌战绩。

阿倍仲麻吕：日本遣唐的留学生之一，在唐朝学习、生活多年，深受中华文化熏陶。他不但精通汉学，还擅长文学。阿倍仲麻吕与当时的文人结交，相互作诗以表达内心情感，成为考察当时中日之间友好交往的佳话。

吉备真备：唐朝的日本遣唐使。吉备真备从中国返回日本时，带回很多中国的文献典籍和乐器，如《东观汉记》《唐礼》等。这些书籍对日本的历法改革和朝廷礼仪的完善都有重大影响。此外，吉备真备还根据汉字的偏旁和部首创制了日文的字母"片假名"，吉备真备这一贡献对日本的文化发展有深远影响。

因唐太宗灭掉新罗的劲敌高句丽，新罗转而派使者出使唐朝，以求自保。使者回国后，新罗取消自建的"太和"年号，改用唐朝的"永徽"年号，并献《织锦太平颂》于唐高宗。至此，新罗成了唐朝名副其实的诸侯国。

天竺：古代印度的名称。唐朝与天竺的交往历史悠久，不仅有玄奘西行，促进中印之间的佛法传播；而且两国间的特产也通过双方交流得以流通，如印度的胡椒、棉花和一些奢侈品不断输入中国，中国的丝绸、茶、陶瓷等许多产品也流入印度。

此次出席世界博览会，关系着外交形象。虽然带什么商讨完了，但穿什么又成了问题。这种关键场合，还得看大唐女一号。

< 隋唐皇帝群(24)   ···

武则天-武曌
我们再研究研究参会着装吧。

唐德宗-李适
现在出席会议都穿西装!

武则天-武曌
咱们大唐皇帝应该穿唐装。

唐德宗-李适

唐代宗-李豫
穿什么面料呢?

武则天-武曌
蜀锦吧!

唐肃宗-李亨

隋唐皇帝群(24)

唐穆宗-李恒
还有最后一个问题，交通工具咋选？

唐高宗-李治
可以坐船。

隋文帝-杨坚
造船这事，我们老杨家可以出力。

隋文帝-杨坚

隋文帝-杨坚
@ 隋炀帝 - 杨广

隋炀帝-杨广
没问题，五牙巨舰吧，随行海员我也都匹配好。

唐高宗-李治

划 重 点

　　蜀锦：古代丝织品的一种，与宋锦、云锦、壮锦并称"四大名锦"。蜀锦产自我国的巴蜀地区，早在汉朝时就已出现，发展到唐朝时更是出现了织、染、绣等三大重要工序为一体的完整丝织体系。唐朝时期，蜀锦凭借纹样、色彩等优势，再加上在织锦上绣字的首创手法，深受唐太宗的喜爱。

　　五牙巨舰：隋朝在军事造船史上的一个奇迹，由隋朝大将杨素主持建造。隋朝凭借这庞大的水军实力，很快统一了长江中下游，结束了自东汉末年以来中国近四百年的分裂局面。

　　丰富多彩的隋唐文化，不仅是中国文化发展史上的鼎盛时段，也是世界文化发展史的重要组成部分。雕版印刷术、造船工艺、医学、天文学等，无不领先当时的其他国度，成为周边国家学习借鉴的典范。